限りなく優しくあれ

愛の大河の中で

Creating a Sweet Home

大川隆法

新版《しんぱん》・まえがき

いままた、新《あたら》しい愛《あい》の時代《じだい》が巡《めぐ》ってきている。
愛についての断章《だんしょう》が、再《ふたた》び読《よ》まれるべき時《とき》がきている。
これが私の教えの始まりである。
そして、この教えとともに生涯《しょうがい》を閉《と》じてゆきたいものだと願《ねが》っている。
一人でも多くのかたに、愛の意味を悟《さと》ってもらいたい。
本文中の「仏《ほとけ》」という言葉の意味には、最高神《さいこうしん》や根本仏《こんぽんぶつ》、創世仏《そうせいぶつ》という新しい考え方も含《ふく》まれている。

伝統仏教的《でんとうぶっきょうてき》には「仏の慈悲《じひ》」と言うべきところを、あえて「仏の愛」と述《の》べている。

仏教とキリスト教が同じ光源《こうげん》から出ているとする私の考えがその根本にある。

その光源から吹《ふ》いてくる、限《かぎ》りなく優《やさ》しい風を感じとって、全身にしみわたらせてほしい。

二〇〇五年　夏

幸福《こうふく》の科学《かがく》グループ創始者兼総裁《そうししゃけんそうさい》　大川隆法《おおかわりゅうほう》

まえがき（旧版《きゅうはん》）

愛《あい》――それは限《かぎ》りなく憧《あこが》れをかきたてる言葉です。この一字の言葉に、どれだけの深さと広がりを与《あた》えることができるか。どれだけの高さと奥行《おくゆ》きを発見することができるか。それを考えつづけてきたのです――永遠《えいえん》に近い時間。

人の一生は、この世限りのものではありません。それは、巡《めぐ》りくる水車にも似《に》て、ゴトゴト、ゴトゴトと幾転生《いくてんしょう》を繰《く》り返し、傍目《はため》には同じものに見えながら、決して同じものではありえない水の流れを汲《く》みつづけるものなのです。

永遠の時間を流れつづける水の流れ――それを、私は「愛の大河《たいが》」と呼《よ》んでいます。仏《ほとけ》こそが、その唯一《ゆいいつ》の水源《すいげん》です。

本書では、この愛の大河を、日常《にちじょう》生活に即《そく》して素描《そびょう》してみました。このデッサンが、多くの人々の心に残る美しい点描《てんびょう》となることを祈《いの》ります。

一九九〇年　八月

幸福《こうふく》の科学《かがく》グループ創始者兼総裁《そうししゃけんそうさい》　大川隆法《おおかわりゅうほう》

限りなく優しくあれ　目次

第2章 愛の具体化《ぐたいか》

第3章 結婚愛《けっこんあい》と家庭愛

第4章 人間らしさと愛

第5章 祈《いの》りと愛の生活

第6章　愛からの出発

第1章

限《かぎ》りなく優《やさ》しくあれ

1 魂《たましい》の奥《おく》なる響《ひび》き

本章では、「みなさんの心のなかに、魂《たましい》のどこかに、仏《ほとけ》の光を宿したい」という願《ねが》いを込《こ》めて、「限《かぎ》りなく優《やさ》しくあれ」というテーマでお話しします。

仏法真理《ぶっぽうしんり》を少しでも学んだ人であれば、私が「仏」や「霊界《れいかい》」という言葉を使ったとしても、それほどの違和感《いわかん》を持たないでしょう。

しかし、「私が使っている『優しさ』という言葉は、みなさんが、過去《かこ》、学び、経験《けいけん》した世界から来ているものではなく、はるかなる世界から下りてきている考えである」と語ったならば、みなさんは、きっと、「どういうことだろうか」と思うでしょう。

どうか、心を開き、心に入ってくるものを感じ取ってみてください。みなさんが心の窓《まど》を開けば開くほどに、あるものが心に入ってくるのを感じるでしょう。それは春の暖《あたた》かさにも似《に》たものです。そして、みなさんは、なぜか幸福な感覚を胸《むね》に宿すことになるでしょう。その感覚は、実《じつ》は、みなさんがどのような存在《そんざい》であるかということを示《しめ》しているのです。

胸の扉《とびら》を開いてみてください。そして、そこに流れ込んでくるものを受け止めてみてください。

私は、今生《こんじょう》のみならず、過去の幾転生《いくてんしょう》のなかで、数多くの話をしてきました。本書を手にした人のなかには、おそらく、いずれかの時代に、いずれかの地で、私の話を聴《き》いた人が数多くいることでしょう。みなさんが偶然《ぐうぜん》にこの本を手にしたとは、私には思えないのです。この本を手にした人は、おそらく、いずれかの時代に、いずれかの地で、そのときに私の名がいかなるものであったとしても、私の話を一度ならず聴いているはずです。

いま、時代は変わり、みなさんのなかには、初めて日本人として生まれた人も数多くいるでしょう。私自身も、以前、みなさんの前で語ったときとは姿《すがた》が違《ちが》います。その名も違います。しかし、みなさんの心は、確《たし》かに何かを感じ取ることでしょう。

私の語る言葉が、みなさんの心の扉を押《お》し広げ、少しずつ少しずつ入っていくはずです。そのなかに、暖かいものが、懐《なつ》かしいものが、光に似たものが感じられるとしたら、私の内なる声が聞こえることでしょう。「久《ひさ》しぶりだね。ついに会うことができたね。あなたに会うまで、ずいぶんかかりましたよ」という私の声が、聞こえてくるはずです。

私は、みなさんに、幾度《いくど》、繰《く》り返して話をしたことでしょうか。その話の多くを、みなさんは、すでに忘《わす》れているかもしれませんが、みなさんの魂の生地《きじ》のなかには、確かに、確かに、その痕跡《こんせき》が残っているはずです。その魂の部分でもって、私の言葉を受け止めてほしいのです。

2　信仰《しんこう》の出発点

今世《こんぜ》で私が説《と》いている法には、さまざまな内容《ないよう》がありますが、私は、第一に、「人間が幸福になっていく道は愛である」ということを説いています。

私は、「幸福の原理」として、「愛の原理」「知の原理」「反省の原理」「発展《はってん》の原理」という四つの原理（現代《げんだい》の四正道《よんしょうどう》）を掲《かか》げていますが、その第一原理は「愛の原理」なのです。

愛の出発点は「仏《ほとけ》の愛」にあります。「仏が存在《そんざい》し、人々の魂《たましい》を創《つく》り、みずからの世界に解《と》き放《はな》った」という、その事実に原点があります。この出発点がすべてなのです。「人間の魂は仏から分かれてきた」ということが分からない人には、ほんとうの愛は決して理解《りかい》できません。

愛とは、奥深《おくぶか》く、懐《なつ》かしい感情《かんじょう》です。「親としての仏が、子を創った。そして、その子を『いとおしい』と思った。いとおしい子供《こども》たちに対して、『数限《かずかぎ》りない経験《けいけん》を通して、素晴《すば》らしくなれ。立派《りっぱ》になれ。光り輝《かがや》け』と願《ねが》った」、それが、すべての出発点なのです。

このことを語るのに証明《しょうめい》は不要です。なぜなら、みなさんは、心の奥深《おくふか》くで、この事実を知っているからです。このことを知りたければ、自分の心の奥深くを見つめればよいのです。

みなさんは、アメーバが、数億年たてば、進化して、本を手に取って読むようになると思いますか。アメーバから進化したものが、仏法真理《ぶっぽうしんり》の本を読んで感動すると思いますか。そんなことはありえないことです。

みなさんは単なるタンパク質《しつ》のかたまりではありません。みなさんの本質《ほんしつ》は魂であり、その魂は仏の愛からできているのです。

愛は、その姿《すがた》を光に変えることがあります。愛は光として顕《あらわ》れ、光が愛として顕れることがあります。これが、みなさんの本質なのです。

だからこそ、さまざまな人が、目に見えず、手で触《ふ》れることができない世界のことを語り、また、目に見えぬ仏のことを語っても、それを信ずる人が数多く出てくるのです。

そうです。信仰《しんこう》とは、この愛の原点に気づくことです。「人間は仏によって創られ、その本質は愛である」ということに気づくこと、これが信仰の出発点なのです。

「どこか遠くにあるものに祈《いの》れ」「はるか地球圏外《ちきゅうけんがい》にある存在を拝《おが》め」などと言っているのではありません。「自分自身の心の内を見よ。そこに愛の光が見えるか」と言っているのです。

愛の光が見えたならば、そこが、あなたの信仰の出発点です。自分の本質が愛であることを知ったならば、それは、仏に向かってまっしぐらに突《つ》き進んでいくことを要請《ようせい》するものなのです。

私は繰《く》り返し繰り返し説いています。「己《おのれ》の内を見つめよ。その内に、すべてのものがある」ということを――。

「仏よ、仏よ」と言って周りを見渡《みわた》すことは、必要ではありません。心の内を、己の本質を見たときに、己が何者であるかが分かります。

己が何者であるかが分かったならば、すなわち、子が子であることを知ったならば、「自分が誰《だれ》の子であり、自分の親が誰であるか」ということを、知ることができるでしょう。

それを「信仰」と呼《よ》んでいるのです。人間が人間であるならば当然のこと、人間が霊的《れいてき》なる存在であるならば当然のことを――。

3　健全なる心

みなさんは、仏法真理《ぶっぽうしんり》の話を聴《き》いたときには「なるほど」と思っても、家や職《しょく》場《ば》に帰って周りの人たちの言葉を聞くと、自分が特殊《とくしゅ》な人間であるかのような気持ちになり、不思議《ふしぎ》な感慨《かんがい》に打たれることがあるでしょう。周りには、仏神《ぶっしん》や霊《れい》の存在《そんざい》を軽々しく否定《ひてい》し、享楽《きょうらく》のみの人生を生きている人が、あまりにも多すぎるのです。

しかし、周りの人たちが病気にかかっているからといって、みなさんも病気にかからねばならない理由はありません。周りの人たちが心の病《やまい》にかかっているからといって、みなさんも心の病にかからねばならない必然性《ひつぜんせい》はないのです。

現代《げんだい》においては、唯物主義《ゆいぶつしゅぎ》という〝伝染病《でんせんびょう》〟が流行《はや》っています。これは心の病です。この病にかかると、永遠《えいえん》の生命《せいめい》に陰《かげ》りができます。本来の自己《じこ》の存在を否定するようなことになるからです。

すなわち、霊的なる真実を言えば、「人間は仏《ほとけ》の子であり、霊的存在である」ということを否定するのは、自殺行為《こうい》以外の何ものでもないのです。

みなさんは、自殺する人を「素晴《すば》らしい」と思うでしょうか。そういう人の仲《なか》間《ま》に加わりたいと思い、「君が自殺するなら、自分も自殺する」と言うでしょうか。そんなことはないでしょう。

最も大切なものを捨《す》て去り、己《おのれ》の真実の命《いのち》を土くれか何かにしようとする思想に賛同《さんどう》する人たちの言葉に、迷《まよ》ってはなりません。

彼《かれ》らの心は病《や》んでいます。病んでいる人たちに正しき生き方を教え、「健康で健全な人間の魂《たましい》のあり方とは、いかなるものであるか」ということを教えることこそ、病んでいない正常《せいじょう》な人間の仕事ではないでしょうか。

みなさんは、どちらが病んでいるかをはっきりと自覚し、自信を持たなくてはなりません。みずからが、考えにおいて健全であること、人間が自然に持つべき考えを持っていること、よき思想、よき信条《しんじょう》を持っていることを、誇《ほこ》りに思わなくてはなりません。

また、私は伝道についても数多く説《と》いています。しかし、「伝道」という言葉を、特殊な世界の言葉だと思ってほしくないのです。

そこに心が病んでいる人がいるならば、その病んでいる理由を教えてあげることが伝道です。「あなたは、なぜ、そのように不健全な生き方をしているのか」ということを知らせてあげることが伝道なのです。それが、健康なる人間の義務《ぎむ》ではないでしょうか。

私の記憶《きおく》では、魂の伝染病にかかった人がこれほど多い時代は、いまから一万年以上前の、アトランティスの時代の末期《まっき》しかありません。それ以後、一万年近くの歴史のなかで、現代《げんだい》ほどひどい時代はないのです。どの時代も、仏神そのものを抹殺《まっさつ》しても平気な人間が横行《おうこう》するところまでは行《い》っていません。仏神を信じない人たちがいたことはありますが、それは少数派《しょうすうは》であり、変わった人たちだったのです。しかし、その変わった人たちが幅《はば》をきかせているのが今日《こんにち》の現状《げんじょう》です。

時代がそうであるならば、時代を変えていく以外に道はありません。われらは時代の子です。この時代に生きている人間、同時代に生きている人間として、なすべき義務とは、同時代を変えていくことなのです。

過去《かこ》の時代を変えることもできなければ、未来《みらい》の時代を変えることもできません。私たちにできるのは、同時代を変えていくことだけです。この時代を、健康な心を持った人たちで満たすことができるのは、同時代に生きている私たち以外にいません。そこに私たちの仕事があるのです。

「それでは、いかなる方法で、この時代を変えていくのか。その方法を知りたい。どうすればよいのか」と、みなさんは問うでしょう。

そこで、私がまず述《の》べたいことは「家庭愛」です。自分の家庭から変えていくこと、隣《となり》の人ではなく、みずからの家庭のなかから始めていくことが、第一歩《だいいっぽ》なのです。これを知らなくてはなりません。

4 女性であることの尊厳《そんげん》

現在《げんざい》、世の中は非常《ひじょう》に変わった方向に流れてきています。

アメリカやヨーロッパの女性たちの生き方を見るにつけ、聞くにつけ、日本の多くの女性たちの心も、しだいに病《や》んできました。欧米《おうべい》の〝伝染病《でんせんびょう》〟が、日本にも、かなりのところまで入り込《こ》んできました。しかし、これは何とかして食い止めなければなりません。

その伝染病の根源《こんげん》は、「男女を競《きそ》わせる」という考え方です。その前提《ぜんてい》として、「男女平等《びょうどう》」の考え方があります。

「男女は魂《たましい》において平等である」というのは、そのとおりです。しかし、それは、「男性と女性の現《あらわ》れ方に違《ちが》いがない」ということではありません。「男女が平等である」ということは、「女性が男性のようになり、男性が女性のようになる」ということではないのです。

そういう考え方は、男女を分けた仏《ほとけ》の心に反しています。「仏は何ゆえに男女を創《つく》ったか」ということを考えなくてはなりません。

「男女があるのはおかしい。一つの性《せい》であるべきだ。一つの種類の生き物であるべきだ」と思うならば、たいへん傲慢《ごうまん》な考え方をしていることになります。ここが、実《じつ》は、大きな間違《まちが》いの出発点なのです。

女性たちは、もっと魂の尊厳《そんげん》を知り、霊的《れいてき》なる喜びを知らなくてはなりません。「心の幸福とは何か」ということを知らなくてはなりません。

見よ、あのアメリカの地を。家庭を破壊《はかい》する人が、どれほど増《ふ》えていることでしょうか。

二人に一人は離婚《りこん》し、子供《こども》たちは非行《ひこう》に走り、成人後も、まともな家庭を営《いとな》めない子供が数多く出てきています。それは、親のまねをするからです。親が家庭破壊者なので、子供も自分が成人してから同じことをしています。そして、どんどん悪くなっていきます。

その根底《こんてい》にあるものは何でしょうか。

女性たちよ、間違ってはいませんか。お金と肩書《かたがき》に魂を売ってはいませんか。

男性たちは、お金や肩書のなかで〝泥《どろ》まみれ〟になっています。いま、女性たちも、そのなかに入っていき、泥にまみれようとしています。これは悲しむべき現実《げんじつ》です。

お金を持って死ねるわけではありません。名刺《めいし》も、あの世には持って還《かえ》れません。当然のことです。

そういう生き方をして、死後、「あなたは、生前《せいぜん》、何をしたのか」と問われたときに、語るべきことが何もない人が数多くいます。

人々は、もっと、「魂の真《しん》の喜びとは何か」ということを知らなければなりません。お金と肩書に魂を売ってしまってはなりません。

そのような社会のなかで、多くの男性が、魂を泥まみれにして、この世的なる生き方をしているときに、それを救《すく》うのが女性たちの仕事ではないでしょうか。その聖《せい》なる仕事を、女性たちは、なぜ放棄《ほうき》したのでしょうか。その罪《つみ》は重いと言わざるをえません。

女性のみなさんは、目覚《めざ》めなければなりません。「男女が平等である」ということは、「魂において同じ値打《ねう》ちがある」ということであり、「その現れ方や性質《せいしつ》が同じでなければならない」ということではありません。男女の魂の性質までが同じであるならば、違った性として現れてくる必要はないのです。

たとえば、「コーヒーと紅茶《こうちゃ》は、その価値《かち》において平等である」とした場合、それはどういうことであるかを考えてみてください。

コーヒーを好《この》む人が人類の三分の二であろうが、四分の三であろうが、それは紅茶の値打ちを下げるものではありません。コーヒーは、深い味わい、香《かお》り、コクのなかに、その本質《ほんしつ》があり、紅茶は、まろやかさ、透明感《とうめいかん》、軽《かろ》やかさ、香りに、味わいがあります。好みの差はあっても、「どちらが上で、どちらが下」ということはないのです。

しかし、紅茶のなかにコーヒーを入れてごらんなさい。あるいは、コーヒーのなかに紅茶を入れてごらんなさい。飲めないでしょう。

コーヒーにも紅茶にも、それぞれのよさがあります。それを発揮《はっき》しなくてはならないのです。男女についても同じです。

そのことを知らないために、間違った考えが生《しょう》じています。日本の進歩的女性のなかには、そういう間違った考え方に毒されてきている人が数多くいます。そういう女性に騙《だま》されてはなりません。

現代《げんだい》が知識《ちしき》社会になってきていることも、その原因《げんいん》の一つです。現代は知識社会であり、「知によって男女が測《はか》られる」という考え方が、その一端《いったん》にあります。

しかし、私は言っておきます。真の知は、そのような差別化のためや、優劣《ゆうれつ》を競《きそ》うためだけにあるのではないのです。なかには、知を磨《みが》くことで冷たい心となり、他人との区別に熱中する人もいますが、知が高まれば高まるほどに優《やさ》しさが増《ま》してくるのが、ほんとうなのです。

5　男女の役割《やくわり》

「男女は、本質《ほんしつ》において平等《びょうどう》であっても、役割《やくわり》において違《ちが》いがある」という認《にん》識《しき》が根本《こんぽん》です。

「男女は、競《きそ》い合うものではなく協力し合うものである」ということを知らなくてはなりません。男女は協力し合って生きていかなくてはならないものなのです。女性は女性として尊《とうと》く、男性は男性として尊く、それぞれの長所を尊敬《そんけい》し合いながら、互《たが》いに補完《ほかん》し合って生きていくのが、その原点なのです。男女を同じ物差しで測《はか》ってはなりません。

特《とく》に男性は、責任感《せきにんかん》というものを通して魂《たましい》が磨《みが》かれていくことになっています。その責任感とは何でしょうか。

一つは、「妻《つま》や子供《こども》を養《やしな》っていくための経済力《けいざいりょく》を持たなくてはならない」ということであり、経済力の根拠《こんきょ》は、「仕事が十分にできる」ということです。もう一つは、「家庭を外敵《がいてき》から守るために、雄々《おお》しく戦う」ということです。

こういう責任感が、実《じつ》は男性を伸《の》ばしている力であり、これを取り去ったならば、男性は男性でなくなります。これを男性から取り去ることは、犬に対して「猫《ねこ》になれ」と言うのと、まったく同じことなのです。家庭や社会に対する責任感こそが、男性なるものの魂の出発点なのです。それを阻害《そがい》するような考え方は、魂を生かす方向の考え方ではありません。

それでは、女性なるものの魂の本質は何でしょうか。

その根本にあるものは、世界を調和させようとするエネルギーです。この調和のエネルギーが、女性の魂が出している最も大きな力なのです。

そして、その出発点は家庭にあります。家庭を調和させることが出発点であり、ここから社会の調和が始まっていくのです。

女性が、「調和」という聖《せい》なる使命《しめい》を捨《す》て去ったとき、放棄《ほうき》したときに、社会や国は、そのピークを過《す》ぎ、下《くだ》り坂《ざか》に入ります。

断《だん》じて、男女の魂に優劣《ゆうれつ》の違いがあるわけではありません。あるのは役割の違いです。家庭のなかで、夫《おっと》と妻のどちらかがやり遂《と》げた仕事であっても、結果《けっか》としてできたその事業は共同のものなのです。

一例を挙《あ》げましょう。ドイツに出た宗教改革家《しゅうきょうかいかくか》に、マルチン・ルターという人がいます。ルターの生涯《しょうがい》がいかほど激《はげ》しいものであったかということは、みなさんもご存《ぞん》じでしょう。既成《きせい》の教会の権力《けんりょく》と戦って、独《ひと》り立ち、獅子吼《ししく》をし、獅子《しし》奮迅《ふんじん》の活躍《かつやく》をした人です。

その外見は鬼気迫《ききせま》るものがありましたが、彼《かれ》のなかには優《やさ》しい心がありました。彼は言っています。「このドイツの国をくれると言われても、私は、それよりも、優しい妻がいる家庭を選《えら》ぶ」と――。あのルターにして、あの激しいルターにして、家庭の人、愛の人であったのです。

「家庭の安らぎこそ、最高の価値《かち》である。優しい妻がいる所に私は帰る。それが、私のこの世における仕事のエネルギーの源泉《げんせん》である。国をくれる、世界をくれると言われても、私は要《い》らない。私には優しい妻がいる家庭があればよい。その家庭があるかぎり、私は戦いつづけることができる」

このように彼は言ったのです。

彼の妻の名を知っている人は少ないでしょう。しかし、彼女《かのじょ》の仕事の値打《ねう》ちは、どうでしょうか。一万人の男性の僧侶《そうりょ》たちの仕事より劣《おと》るでしょうか。全ヨーロッパの兵隊《へいたい》たちの力より劣るでしょうか。そんなことはありません。あのルターを強くしたのは、妻の優しさであり、愛だったのです。それを、全キリスト教会を変えていくエネルギーとして、ルターは戦っていたのです。彼女の仕事は素晴《すば》らしい仕事です。

一人の勇者、英雄《えいゆう》が出て、世界を支《ささ》えんとするときに、その勇者を支える女性ありとすれば、この女性たるや、いかなる値打ちを持っているか、分かるでしょうか。ものすごい力です。ものすごい仕事です。大変なものです。

ヘラクレスが地球を持ち上げるときに、そのヘラクレスを支えているものがあるとすれば、この支えたるや、絶大《ぜつだい》なるものです。仏《ほとけ》の力にも似《に》たものです。

女性たちよ、聖なる仕事を捨ててはなりません。それは無名《むめい》のものかもしれませんが、女性の徳《とく》は、そういうところにあるのです。

優《すぐ》れた女性たちが自己顕示欲《じこけんじよく》のままに生きていったとき、女性の徳は滅《ほろ》び、消え去っていきます。そこに残るのは、ただ、「一人の人間が、何がしかのことをして死んでいった」という事実だけです。

「女性には、仏にも似た大きな力が与《あた》えられている」ということを忘《わす》れてはならないのです。

また、「男性は、家庭のなかで模範的《もはんてき》な存在《そんざい》でなければならない」ということは、言うまでもありません。外においてだけ素晴らしく、家庭においては素晴らしくない男性であるならば、尊敬に値《あたい》しません。外なる仕事が内なる犠牲《ぎせい》の下《もと》に成り立っているならば、尊敬に値するほどの仕事をした人であるとは、とうてい言いがたいのです。

強き男性であるからこそ、優しさが溢《あふ》れてくるのです。強くなければ、真《しん》に優しい男性とはなれません。その強さとは、責任感に裏打《うらう》ちされ、「この世のなかにおいて、みずからの命《いのち》を燃《も》やさん」とする仕事のなかに発揮《はっき》される強さでしょう。その強さあってこその優しさであることを忘れてはなりません。

男性が優しくなるということは、男性が女性化するということではありません。そんなことではないのです。

そして、真に優しき女性とは、勇気ある女性でもあります。夫が、いかなる苦《く》難《なん》・困難《こんなん》のなかにあっても、それを支え、励《はげ》まし、偉業《いぎょう》をなさしめるのは、妻の力です。ここで要求されるのは勇気なのです。

勇気ある女性こそが、また優しいのです。優しさとは、「弱々しい」「女々《めめ》しい」ということではありません。優しさとは、逆《ぎゃく》に人間を強くしていくものです。それを忘れてはなりません。

6 女性なる魂《たましい》の幸福

多くの女性なる魂《たましい》に対して言っておきましょう。

私は、特別《とくべつ》な能力《のうりょく》を持っている人間として、実在界《じつざいかい》といわれる、この世を超《こ》えた所に行くことがよくありますし、いながらにして、その世界を見ることもできます。

実在界にいる最高の女性霊《じょせいれい》たち、女神《めがみ》たちの姿《すがた》を見るにつけ、「彼女《かのじょ》たちは、地上に生まれ変わってくるとき、男性になろうとはしないだろう」と私は思うのです。彼女たちが生きている世界の優雅《ゆうが》さ、素晴《すば》らしさ、美しさは、女性でなければ絶対《ぜったい》に味わえません。そういう喜びのなかに彼女たちは生きています。女神たちの輝《かがや》くばかりの幸福感と喜びを見たときに、彼女たちが地上に出て「男性に取って代わろう」と思うとは、絶対に考えられないのです。

女性霊が、地上に出て、男性と競《きそ》い合い、「男性を押《お》しのけてでも、然《しか》るべき立場に立ちたい」と思っている姿《すがた》は、この世的には、優《すぐ》れた女性に見えるかもしれません。しかし、霊的に見れば、それは、「男性霊の下《した》につく」ということになる場合もあるのです。そして、その場合、本来の女性のあり方から見て進化が遅《おく》れてしまうのです。

女性霊は、長年の転生《てんしょう》の過程《かてい》で、女性なるものの優美《ゆうび》さと素晴らしさ、調和の心、安らぎの心、美しき心を培《つちか》ってきました。

女性霊が、その進化の過程を捨《す》てて男性原理のなかに入るということは、優れた女性が、男性たちのなかで最も初歩のグループに入るということです。男性たちが、何千年、何万年かかって男性の魂の修行《しゅぎょう》をしてきた、その途中《とちゅう》で入るわけですから、魂の進化において、明らかに遅れてしまうのです。これを注意しておきたいと思います。

私は、決して、女性に「職業《しょくぎょう》を持つな」と言っているのではありません。女性を必要とする仕事は数多くあります。現代《げんだい》の日本では、二十代から五十代前半までの女性の七割《わり》近くが何らかの仕事に就《つ》いています（発刊時点。厚生労働省「平成十六年版　働く女性の実情」による）。

ただ、「どのような環境《かんきょう》にあっても、男女の違《ちが》いというものを心得《こころえ》て、女性なるものの素晴らしさを最大限《さいだいげん》に発揮《はっき》しようとして生きていかなければ、魂的には後退《こうたい》になる」と言っているのです。

女性が男性になろうとしてはいけません。それは魂の後退です。それによって、かなり進んだ女性霊が、魂的には下のほうの男性のグループに入ることになるのです。

今世《こんぜ》では、それでも成功に見えます。しかし、この世を去ってから大変なことになります。「大いなる後退だった」ということに気がつくのです。

また、女性が男性化する社会は、同時に男性が女性化する社会でもあります。先進国と言われる社会のなかで、その現象《げんしょう》が現《あらわ》れています。それも、やはり退化《たいか》なのです。魂が退化してきているのです。

流行にとらわれて、そのなかに呑《の》み込《こ》まれ、それに惹《ひ》きつけられるようであってはなりません。それは真《しん》なる自由ではなく堕落《だらく》の自由なのです。

7　光に満ちた家庭

人間は、魂《たましい》自体の尊厳《そんげん》を持って、己《おのれ》の魂をさらに磨《みが》いていかなくてはなりません。過去《かこ》のステップを生かして、さらに高度なるものをつくっていかなくてはなりません。

その出発点は、家庭のなかの大調和です。家庭にユートピアをつくることです。子供《こども》たちと共に、素晴《すば》らしい世の中の建設《けんせつ》のために生きていくことは、小さく見えるかもしれませんが、実《じつ》は大きな大きな力なのです。「進んでいる」と言われる国の人々のように、家庭を乱《みだ》し、社会を混乱《こんらん》に陥《おとしい》れてはなりません。みなさんは、家庭の調和をしっかりと守っていってください。これが人生学校のなかの大きな部分であることを、決して忘《わす》れてはなりません。

ここで大事なのは、信ずる心、信頼《しんらい》する心です。仏《ほとけ》を信ずるように、夫《おっと》や妻《つま》を信ずることが大事です。仏を信ずることができる人間には、自分の伴侶《はんりょ》を信ずることは、たやすいことです。伴侶のなかに、善《ぜん》なるものを見いだし、仏の慈悲《じひ》を見いだすことは、そう難《むずか》しいことではありません。

信じ合い、調和した家庭をつくるなかに、大きな光が出てきます。そういう家庭を「光の出城《でじろ》」といいます。この光の出城をつくるのです。ここから出発していくのです。まず足元を固《かた》めていかなくてはなりません。

断《だん》じて、妻と夫が競《きそ》い合い、お互《たが》いの長所を削《そ》ぐようなことがあってはなりません。親と子においても同じです。互いを生かし合う関係をこそ選《えら》ばなくてはなりません。

男女調和の道、家庭調和の道、家庭ユートピアの道から始まっていくものこそ、ほんとうに世界を救《すく》っていく力となるのです。

仏法真理《ぶっぽうしんり》の道についても同じです。「妻だけ、あるいは夫だけが幸福の科学の信者になっている」という家庭もあるでしょう。「子供だけが信者になっていて、両親はまだ信者になっていない」という家庭もあるでしょう。しかし、一人で行くよりも、共に行くほうが、この旅は素晴らしいのです。

「夫婦《ふうふ》が相和《あいわ》し、仏法真理の下《もと》に生きる。親子が協力し合い、真理家庭を築《きず》いて進んでいく」ということこそ、第一歩《だいいっぽ》なのです。そのような家庭が地に満ち満ちてきたときに、その社会や国から光が出てくるのです。

信仰《しんこう》がある家庭からは光が出ています。霊天上界《れいてんじょうかい》から見ると、その家から光が出ているのです。霊天上界から地上を見下ろせば、数限《かずかぎ》りない家がありますが、そのなかで、光が出ている家があります。そこは、仏の心に適《かな》った生き方をしている家庭なのです。夫婦が調和し、親子が調和し、仏法真理を学びながら生きている家庭からは、光が出ているのです。こういう家庭を築いていかなくてはなりません。

そして、光に溢《あふ》れた家庭を日本国中につくっていくことこそが、幸福の科学の仕事でもあるのです。色とりどりの花が咲《さ》き誇《ほこ》っている光景《こうけい》を、みなさんは「素晴らしい」と思うでしょう。私もそう思います。「花一輪《いちりん》よりも素晴らしい」と思います。「そのような、光溢れる家庭に満ちた国こそ、理想国家である」と私は信ずるものです。

本章では、「限《かぎ》りなく優《やさ》しくあれ」という話を、ごく身近《みぢか》な、小さなところから説《と》いてみました。

家庭ユートピアがつくれない人は、「仏法真理の修行者《しゅぎょうしゃ》として、まだまだ未熟《みじゅく》である」ということを、深く反省しなくてはなりません。

まず、「家庭のなかを光に満たす」ということから始めてください。みなさんの家庭が、理想的な、光に満ちたものとなれば、それは隣人《りんじん》にも友人にも広がります。当たり前のことです。

どうか、このことを忘れないでください。「家族全員で仏法真理に生き、光に満ちた家庭にしていこう。仏の目から見て光っているような家庭にしよう」と、強く強く願《ねが》ってください。

ここでは、ごくごく易《やさ》しい話をしました。しかし、易しい話ではあっても、その本質《ほんしつ》においては、かなり難しいものがあるということを、深く肝《きも》に銘《めい》じていただきたいと思います。

第2章

愛の具体化《ぐたいか》

1　愛とは何か

「愛」という言葉は、さまざまに語り継《つ》がれてきました。しかし、愛の実像《じつぞう》を、事細《ことこま》かに、誰《だれ》にでも分かるように説《と》き明かしてみせた人は、そう多くはありません。

「愛とは何か」というテーマは、有史《ゆうし》以来、人類に与《あた》えられつづけてきたテーマではないでしょうか。人類にとって、これは大きな大きな学習課題《かだい》だったと思うのです。

たとえば、現代《げんだい》であれば、学校に行って、さまざまな課題を学習しますが、長い長い人類の歴史のなかでは、学校も教科書もない時代がそうとう長く続いていたはずです。

しかし、そういう時代にも、愛の学習だけは、うまずたゆまず行《おこな》われていたに違《ちが》いないのです。家庭のなかで、あるいは、友人たちとのあいだで、さらには、人間が生きていく以上、何らかの職業《しょくぎょう》に就《つ》くわけですから、そういう場において、「知る、知らない」を問わず、必ず愛について学習させられていたはずです。

人間の心のなかには、「長く愛についての学習をしてきた」という記憶《きおく》が、その痕跡《こんせき》が、かすかに残っているように思えます。

さて、愛という言葉は、現代人《げんだいじん》にとって、いかなる響《ひび》きを持っているでしょうか。それは、移《うつ》ろいゆくものの悲しさにも似《に》て、手のなかに入れようとしても、すぐに失《うしな》われていくシャボン玉の如《ごと》く、はかなくも美しいもののように感じられることでしょう。

「愛という言葉で象徴《しょうちょう》されることは何か」と問われれば、おそらく、百人中九十九人までが、「他《た》の人からよく思われること。他の人から優《やさ》しくされること。

それが愛である」と答えるのではないでしょうか。

　このような時代に、私はまったく違ったことを説《と》いています。私の唱《とな》えている愛は、他の人に差し出す愛、「与える愛」です。「自分の私利私欲《しりしよく》にとらわれることなく、いかにして、誠意《せいい》を尽《つ》くし、心の底《そこ》から優しく、深く、他の人に接《せっ》するか」ということを、私は説いているのです。

　多くの人は言うでしょう。「ああ、そういう愛も知っている。読んだことがある。聞いたことがある」と――。

　彼《かれ》らが思い出すのは、たいてい、キリスト教の古い説話《せつわ》か、近現代にあって宗教的精神《しゅうきょうてきせいしん》のなかに生きた人の具体例《ぐたいれい》でしょう。

　しかし、「そういう話は、しょせん、自分とはかかわりを持たない」と考える人が多いのではないでしょうか。

　そのことをどう評価《ひょうか》するかは難《むずか》しいことですが、私は、他の人に捧《ささ》げる愛、与える愛、与えつづける愛、無私《むし》の愛、無償《むしょう》の愛を、「かつてあった特殊《とくしゅ》な愛の具体例」とだけ捉《とら》えたくはありません。

それは、数千年、数万年、いや、それ以上の長い長い歴史のなかにおいて、人間の心に繰《く》り返し押《お》し寄《よ》せてきた、一つの切実《せつじつ》なテーマだと思うのです。

2　愛の大切さ

現在《げんざい》の世の中を見渡《みわた》してみると、あちこちで犯罪《はんざい》が増《ふ》えています。もちろん、「法に触《ふ》れる」という意味での犯罪が目につきやすいわけですが、私には、違《ちが》った意味での犯罪が気になってしかたがないのです。

世に言う「犯罪」という言葉は、思いより行為《こうい》を対象《たいしょう》にしており、他《た》の人の権《けん》利《り》を侵《おか》す行為が犯罪と呼《よ》ばれています。しかし、これは、ほんとうの心の秘密《ひみつ》を知らない人の考えであると言っても過言《かごん》ではないでしょう。

ほんとうに犯罪が起きているのは、心のなかにおいてなのです。行為として、この世に現《あらわ》れた犯罪は、心のなかに現れた犯罪の十分の一にしかすぎないのです。

この地上から、他人を害する行為をなくすには、まず、人の心のなかから、他人を害する思いをなくさねばなりません。他人を害する思いを人の心のなかからなくすことができて初めて、他人を害し、他人の権利を侵す行為が地上から消えてなくなるのです。

思いが原因《げんいん》であり、行為は結果《けっか》です。結果をなくすためには、原因を探究《たんきゅう》し、原因の根を取り除《のぞ》くことが肝心《かんじん》です。

それでは、「思いにおいて犯罪を犯《おか》さない」とは、どういうことでしょうか。それは、「他人の権利を侵害《しんがい》しない」という消極的《しょうきょくてき》な考えが中心であってよいわけではなく、積極的《せっきょくてき》に、「他の人々を幸福にしていこう」という思いを持つことから始まるのです。

よく言われるように、人間の心は同時に二つのことを思うことができません。心のなかに悪いことを思い描《えが》かないためには、悪いことを取り除くことに専念《せんねん》するよりも、むしろ、よいことを思おうとするほうが大事なのです。

よいことを常《つね》に心に描くようにすれば、必ず、悪い思いは一掃《いっそう》されることになります。よい思いを心のなかに描きつづける行為こそが、「心に悪を抱《いだ》かず、悪を行《おこな》わない」ということを戒律《かいりつ》として自分に課《か》すことにもなるのです。

いや、結果は、それ以上に素晴《すば》らしいものとなるでしょう。なぜなら、自分の心のなかが、他の人々への善意《ぜんい》と愛に満ちているならば、その善意や愛を受けた人々も、必ずや喜びを胸《むね》に抱くはずだからです。

彼《かれ》らは、その喜びを心のなかに隠《かく》していることができるでしょうか。それを単に隠しているだけでは、「自分が人間である」という事実すら確認《かくにん》できないことになるでしょう。人間であるならば、他の人から優《やさ》しい思いや行為、思いやりを受けた喜びは、必ず感謝《かんしゃ》となって表れてくるはずです。

その感謝が、愛を与《あた》えてくれた人への感謝になるか、それ以外の人への愛の行為となるかは、時と場合によるでしょう。しかし、いずれにせよ、「悩《なや》みの渦中《かちゅう》にあった人が、他の人から愛を受けることによって、マイナスの発想をやめ、プラスの発想へと心を切り替《か》える」という瞬間《しゅんかん》が生まれます。これは実《じつ》に大切なことだと思います。

3　人生の目的

「世の中を素晴《すば》らしいものにしよう」と願《ねが》っている人は数多くいます。そして、おおよそ世の中で役に立つ仕事に従事《じゅうじ》している人であれば、その人が気がつくかどうかにかかわらず、その仕事のなかには必ず愛の思いがあります。

「あなたは、愛を持って、その仕事をしておられるのですね」という言葉をかけられれば、おそらくは、照《て》れくさく思う人もいるでしょうし、はにかみを隠《かく》せない人もいるでしょう。あるいは、「いいえ、そのようなものではありません。ただ、仕事が好《す》きだからしているのです」と答える人もいることでしょう。

しかし、断言《だんげん》してもよいと思うのですが、この地上でほんとうに役立つ仕事、有用な仕事は、必ず愛に裏打《うらう》ちされているのです。「人々の役に立ちたい」という思いからなされる仕事は、必ず人々の役に立つ仕事なのです。

たとえ本人はそう思っていないとしても、優秀《ゆうしゅう》な頭脳《ずのう》とたぐいまれな行動力をもって人類に貢献《こうけん》するような仕事をしている人は、ある意味において、無意識《むいしき》のうちに愛を実践《じっせん》していると言えるかもしれません。

もちろん、無意識のままに愛を実践するよりも、それが愛の実践であるということを知っているほうが喜びを感じることは、言うまでもありません。「これが愛の実践なのだ。これが仏《ほとけ》の子の使命《しめい》なのだ」と知ったときに、人間は聖《せい》なる喜びを感じるのです。

この聖なる感慨《かんがい》、清く、穢《けが》れなく、この世のものとは思えない聖なる感覚を、多くの人間が忘《わす》れて、どれほどの歳月《さいげつ》が過《す》ぎ去ったことでしょうか。

聖なる思い、聖なる一時《ひととき》のうちに歩《あゆ》むとき、人間には、つまずきがありません。すべての人が、無垢《むく》なる姿《すがた》で、優《やさ》しい光に包《つつ》まれて生きていると言ってもよいでしょう。

しかし、思い返してみれば、この地上で生きていくことは、なんと難《むずか》しいことでしょうか。

幼子《おさなご》のときには、あれほど無邪気《むじゃき》で、無心《むしん》で、ひたすらだったのに、やがて成長すると共に、心は穢れ、他《た》の人々を信ずることができなくなり、駆《か》け引《ひ》きが多くなり、心にもないことを語らねばならなくなり、あるときは、思わず知らず、他の人々の失敗や不幸に、ほくそえんでいる自分に気がつくことでしょう。

「ああ、自分の両親が、赤《あか》ん坊《ぼう》の自分をかわいがってくれたとき、このような自分、他に対して与《あた》えることは少なく、害することのみが多い自分を、愛してくれたのだろうか。いや、そうではなかったに違《ちが》いない」と感じる人も数多いことでしょう。

いったい何が原因《げんいん》なのでしょうか。大部分の問題は、この世の価値観《かちかん》というものが、本来のものから、ずいぶんずれているために生《しょう》じているのです。

この世の価値観とは、「この世的に偉《えら》くなりたい。他の人よりも偉くなりたい。他の人よりも幸福になりたい」という気持ちではないでしょうか。

その気持ち自体は、「個性《こせい》ある魂《たましい》が、さらに伸《の》びていこうとしている」ということですから、根本《こんぽん》において、そう悪いものだとは思いません。しかし、個人《こじん》の「伸びていこう」とする思いが、他の人々の犠牲《ぎせい》の下《もと》に成り立つようになると、大きな問題が生じてくるのです。

「自分を伸ばし、自己実現《じこじつげん》をし、多くのものを手に入れた人が、他の人々から多くのものをもらいつづける」ということのみをよしとするならば、世の中は、恨《うら》みや怨嗟《えんさ》、不平不満の声で満ち満ちていくことになるでしょう。

幸福の体現者《たいげんしゃ》となり、多くの人々の愛を受け、信望《しんぼう》を受けるに至《いた》った人は、みずからの立場をよく自覚して、その愛を他の人々に分け与えていくため、愛の具《ぐ》体化《たいか》に心を砕《くだ》いていかなくてはなりません。

いや、この世的に優《すぐ》れた人、恵《めぐ》まれた人が、愛の具体化に取り組むことは、そう難しくはないでしょう。むしろ、「自分はまだ恵まれていない」「まだ衣食《いしょく》が満ち足《た》りていない」「まだまだ自分の願望《がんぼう》が達成されていない」と思う人が、愛の具体化に挑《いど》むならば、それは極《きわ》めて尊《とうと》いことなのです。

満ち足りた者が他の人々に与えるのは、さほど難しいことではありません。しかし、自分がまだ満ち足りておらず、十分ではないのに、それでも、他の人々を幸福にしていきたいと思っている人の願《ねが》いは、仏の最も愛する願いなのです。その尊い志《こころざし》を仏は喜ぶのです。

あるいは、むしろ、自分はまだ自己実現ができておらず、満足するところまで来ていないのにもかかわらず、それでも、他の人々に愛を与えようと思い立ったときには、実《じつ》は、霊的《れいてき》な目で見たならば、その人はすべてを与えられているのです。

そうなのです。「与えられているか、いないか」ということが、物質的《ぶっしつてき》なものに関してならば、「まだまだ」という未達成感《みたっせいかん》もあるでしょう。しかし、食べ物、家や土地、お金などに関しては、「まだまだ不十分だ」という現実《げんじつ》があったとしても、他の人々に愛を与えんと決意したとき、その人には、霊的にはすべてのものが与えられたのだと考えてもよいでしょう。

人間の、地上での学習にとって、いちばん大切なことは、愛を人生の目的にすることです。人生の目的である愛に気がついたときに、その人はすべてを与えられたと言ってもよいのです。

そして、持たざる者が、与えることに目覚《めざ》めたときに、その人に仏より与えられる愛の量は、すでに自己実現をなし、自己満足の状態《じょうたい》にあって、他の人々に愛を与えんとしている人に与えられる愛の量よりも、はるかに多いものだと言えます。

4　愛の法則《ほうそく》

この地上には、「自由」という考え、自由主義《しゅぎ》が蔓延《まんえん》しています。そして、「自由の勝利《しょうり》」と「平等《びょうどう》の敗北《はいぼく》」が叫《さけ》ばれています。

しかし、私は、一言《ひとこと》、述《の》べておきたいのです。

ほんとうの平等とは、「仏《ほとけ》は人間を平等に愛している」という意味においての平等です。

それは、「この地上において多くを持たない者が、他《た》の人に愛の思いを抱《いだ》いたときに仏より与《あた》えられる光のほうが、すでに多くのものを与えられている者が、他の人に愛を与えんとするときに仏より与えられる光よりも多い」ということです。貧《まず》しき者が、その心富《と》みたるときに、光は、その人のうちに満ちるのです。

そうです。仏の光は、その降《ふ》り注《そそ》ぐ量において、分《わ》け隔《へだ》てがありません。いや、むしろ、この世的に恵《めぐ》まれていない人であればあるほど、清く聖《せい》なる思いを抱いたときに流れ入《い》ってくる仏の愛の量は、増《ふ》えると言ってよいのです。

「もはや、この世では平等を基礎《きそ》とした社会はつくりにくい」と思っている人もいるでしょう。しかし、私がいま述べた言葉をよくよく思い返していただきたいのです。

別の説明をすれば、「仏の愛は法則《ほうそく》の下《もと》に平等である」という言い方もできるでしょう。

この地上に人間として生まれた人は、誰《だれ》もが一定の法則の下にあります。その法則は「仏法真理《ぶっぽうしんり》」と呼《よ》ばれます。仏法真理とは、仏の創《つく》ったルールのことです。そのルールは明確《めいかく》です。

その一つは、「仏は、自分と似《に》た性質《せいしつ》を発揮《はっき》しようとしている人間には、自分の光のエネルギーを惜《お》しみなく与える」というものです。すなわち、人間が自分を仏に近い存在《そんざい》へと変身させていこうとするときには、その人の固有《こゆう》の力を超《こ》えた偉大《いだい》なる他力《たりき》が降り注ぐことになっているのです。

仏の持つ素晴《すば》らしい側面《そくめん》を、日ごろから自分の心の指針《ししん》として生きている人を見ると、笑顔《えがお》に溢《あふ》れ、慈愛《じあい》に溢れて、まばゆいばかりであり、ときに、まぶしい光さえ出ているように思えるはずです。目がくらむばかりのまぶしさに見えることさえあるでしょう。それが仏の光を受けている人の特徴《とくちょう》なのです。

「みずからの心のうちに、まだ『十分に愛された』という気持ちがないのに、他の人々を愛したならば、その分だけ、心のなかの〝お小遣《こづか》い〟が減《へ》っていくのではないか」と感じる人もいるでしょう。ところが、与えれば与えるほどに増えていくのが「心の富《とみ》」なのです。

たとえば、「他の人々に優《やさ》しい行為《こうい》をもって接《せっ》しようとしている人は、疲《つか》れることがない」と言えるでしょう。「常《つね》に他の人々への愛のために生きている人は、疲れることがなく、自分のために生きている人は、常に疲れのなかにある」と言ってもよいでしょう。

もし、「仕事をしていて、常に疲れてどうしようもない」というならば、それは、おそらく、その仕事を他の人々への愛ゆえに遂行《すいこう》してはいないからではないでしょうか。

他の人々への愛を込《こ》めた仕事は、決して疲れないものなのです。なぜならば、愛をもってなされた仕事には二つの見返りがあるからです。一つは、愛を受けた人から、喜びの思い、感謝《かんしゃ》の思いが返ってくることです。もう一つは、仏から「おまえを愛しているよ」という愛の光が降《お》りてくることです。そのため、「一つの行為が二つになって返ってくる」と言ってもよいでしょう。

「一つを与えると二つに増える。二つを与えると四つに増える。三つを与えると六つに増える。十を与えると二十に増える」、これが仏の世界の法則なのです。

「他の人々を幸福にしよう」と思う人が、一人の人を幸福にする行為をなすと、それは、二人の人を幸福にしたのと同じだけの結果《けっか》となります。このように、仏の思いに則《のっと》った行動は、すべて、一つのものが二つに数えられるようになるのです。

この逆《ぎゃく》もあります。他の人々から奪《うば》う思いで生きている人の場合です。「ある人の幸福を壊《こわ》してしまいたい」という衝動《しょうどう》に駆《か》られる人がいますが、他人から一つの幸福を奪えば、その幸福は、奪った人のもとに来るでしょうか。そんなことはありません。幸福を奪われた人も不幸になりますが、その幸福を奪い取った人間もまた不幸になるのです。

なぜなら、仏の心に反した行為をした場合、その人は霊的《れいてき》には犯罪《はんざい》を犯《おか》したのと同じだからです。すなわち、みずからを利《り》したつもりで、実《じつ》は損《そん》をしているのです。魂《たましい》の観点から言えば、「プラスではなくマイナスをつくってしまった」ということなのです。

このように、奪う心と奪う行《おこな》いは、「一つを奪えば二つを失《うしな》う」ということになるのです。

「人を呪《のろ》わば穴《あな》二つ」という言葉があります。「他人のために墓穴《ぼけつ》を一つ掘《ほ》ったはずなのに、その横には、いつのまにか自分自身の墓穴も並《なら》んでいた」ということです。

なぜ、この世に不幸がはびこっているように見えるかが、お分かりになったでしょうか。それは、そういう事情《じじょう》からだったのです。

「奪おうとする人間が一人いれば、二人の人が不幸になる。奪おうとする人間が二人いれば、四人の人が不幸になる。奪おうとする人間が一万人いれば、二万人の人が不幸になる。奪おうとする人間が五千万人いれば、一億人の人が不幸になる」、この方程式《ほうていしき》がお分かりになったでしょうか。

5　愛の具体化《ぐたいか》

もし、この地上に、他人の幸福を願《ねが》う人と、他人の不幸を願う人とが、半数ずついたならば、どうなるでしょうか。

たとえば、他人の幸福を願う人が五千万人いたならば、幸福な人が一億人つくり出されることになります。ところが、もう一方に、他人の不幸を願う人が五千万人いたならば、不幸な人が一億人つくり出されることになります。一億人の幸福な人と、一億人の不幸な人――。それは、結局、「幸福でも不幸でもない人が一億人いる」ということになってしまいます。

それでは、この比率《ひりつ》を変えていくと、どうなるでしょうか。他人の幸福を願う人が六千万人になり、他人の不幸を何とも思わない人が四千万人になったならば、地上には、幸福な人が一億二千万人でき、不幸な人が八千万人できることになって、その差は四千万人となります。

「他人を幸福にしたい」と思う人が、さらに増《ふ》えていくならば、どうでしょう。他人の幸福を願う人と他人の不幸を願う人が半数ずつならば、共に、その効果《こうか》は帳消《ちょうけ》しになりますが、片方《かたほう》が他方をしのぐと、その差となる一人の思いは二人分になって表れ、二人の思いは四人分に、十人の思いは二十人分に、百人の思いは二百人分にと増えていくことになるのです。

そして、この方程式《ほうていしき》には、さらに応用《おうよう》問題が加わってきます。それは、「一人が二人になる」ということです。ある人が一人に愛を与《あた》えれば、愛が二人に来て、ある人が一人から愛を奪《うば》えば、愛が二人から奪われますが、それだけではなく、「その行為《こうい》そのものが伝わり、広がっていく」という側面《そくめん》があります。これを見落としてはならないのです。

一人の人を幸福にする行為は、相手を幸福にするのみならず、自分をも幸福にし、この地上に幸福な人が二人生まれるわけですが、幸福を与えられた人は、その幸福を、与えてくれた人に与え返すだけではなく、幸福になった心でもって、他《た》の人々にも分け与えていきます。

つまり、「幸福には伝染性《でんせんせい》がある」ということです。「愛を与える」という行為は伝染していくのです。

逆《ぎゃく》に、「愛を奪う」という行為も伝染します。

他人から愛を奪う人が一人いると、愛を奪われた人は苦しみ、その人も誰《だれ》かから愛を奪います。すると、その誰かも、また次の人から奪おうとします。このように、たった一人が他の人から愛を奪っただけで、多くの人々が、次々と愛欠乏《あいけつぼう》症《しょう》になっていきます。こういう連鎖《れんさ》もあります。

そうしてみると、一人の行為の影響《えいきょう》はとても大きいことが分かります。

こうした現実《げんじつ》に鑑《かんが》み、「この地上には、仏《ほとけ》の愛の実現《じつげん》のために行動する人が、次々と出てこなければならない」と私は思うのです。

一人の人が愛の実践《じっせん》をしただけで、その愛は次から次へと広がっていきますが、同時に、他の誰かが愛を奪う行為をすると、その愛は帳消しになってしまいます。したがって、愛の生産者を数多くつくっていくことが大事です。他の人々に愛を与える人が数多く出てくることが肝心《かんじん》なのです。

愛は幸福の卵《たまご》です。愛は幸福の基《もとい》です。人が、いちばん幸福感を感じていられるのは、愛に満ち満ちているときです。なぜなら、そういうときは、その人にとって、「この地上に存在《そんざい》していることが、うれしい」という時間でもあるからです。愛を与えると、他の人からも結果的《けっかてき》には愛されることになるのですが、みずからが愛の発信基地《きち》になっていること自体が大きな喜びになっているのです。

ゆえに、あなた自身が、一人ひとりが、愛の発電機にならなければいけません。

みずから愛を発電し、愛を増幅《ぞうふく》する人が満ちてこそ、世の中は次から次へとよくなっていくのです。

愛は幸福の卵であり、幸福はユートピアの卵です。「愛から幸福を、幸福からユートピアを――。そして、ユートピア社会ができたならば、そこに、また愛が満ち満ちてくる」、そういう循環《じゅんかん》がありうると私は思うのです。

第3章

結婚愛《けっこんあい》と家庭愛

1　結婚愛《けっこんあい》

本章のテーマ「結婚愛《けっこんあい》と家庭愛」は、みなさんにとって、極《きわ》めて手近《てぢか》な愛ではありますo しかし、手近であるがゆえに、身近《みぢか》であるがゆえに、この愛が、なかなか成就《じょうじゅ》しないという悩《なや》みを持っている人も多いのではないでしょうか。

そういうみなさんのために、あえて、いま、「結婚愛」「家庭愛」という、ごくありふれた愛のあり方を、根本《こんぽん》から問い直してみたいと思うのです。

まず、結婚愛から話を始めましょう。

結婚愛――それは、男女がお互《たが》いに結《むす》びつけられるときに生《しょう》ずる愛です。「恋《れん》愛感情《あいかんじょう》から始まり、結婚式に至《いた》り、新婚《しんこん》生活を始める」、このときの愛が結婚愛と呼《よ》ばれるものです。

結婚愛は、その基礎《きそ》に情熱《じょうねつ》を秘《ひ》めています。未知《みち》なるものへの情熱、美しきものへの情熱、力強きものへの情熱、優《やさ》しきものへの情熱、理想的と思えるものへの情熱――。すべて、その奥《おく》に、魂《たましい》自身の激《はげ》しい情熱があるかのように思えます。それは、大きな情熱なのです。

結婚式の、華《はな》やかで晴れがましい宴《うたげ》の席では、誰《だれ》もが幸福そのものの笑顔《えがお》を浮《う》かべています。このときには、すべての人に祝福《しゅくふく》され、自分も自分自身を祝福し、また、選《えら》んだ相手をも祝福し、仏神《ぶっしん》に喜びを伝えるだけの、心の余裕《よゆう》があります。それは、実際《じっさい》、素晴《すば》らしいものです。人間がこの世で送る数十年の人生のなかでも、最も晴れやかで、最も素晴らしく、誰が見ても文句《もんく》のつけようのない出来《でき》事《ごと》だと思います。

しかし、結婚愛の背後《はいご》には大きな問題が控《ひか》えています。仏神に祝福された聖《せい》なるものではあっても、その奥に、極めて人間的な利害《りがい》が表れてくるのも、この結婚愛です。相手の、この世的な条件《じょうけん》、身内《みうち》の意見など、さまざまな利害得失《とくしつ》を考《こう》慮《りょ》し、その結果《けっか》、結婚へと辿《たど》りついていく過程《かてい》において、それなりの精神的《せいしんてき》な煩《はん》悶《もん》を経《へ》ていくものです。

それは、ちょうど、人生に一度の大きな契約《けいやく》を結《むす》ぶときにも似《に》ています。契約に漕《こ》ぎつけるまでは、大変な心労《しんろう》を伴《ともな》うものです。しかし、いったん契約を結ぶや否《いな》や、有頂天《うちょうてん》となり、手放《てばな》しで喜び、「最高に素晴らしい相手だ」と祝福し合うのが常《つね》です。

そのように、「理性《りせい》が情熱によって打ち負かされる過程、知性《ちせい》に基《もと》づく利害計算が、聖なるエネルギー、真実なるエネルギーによって打ち砕《くだ》かれ、乗り越《こ》えられる過程が、結婚愛が成長していく過程である」と言ってもよいでしょう。

このときに、心に何の疑《うたが》いも迷《まよ》いもなく相手と結婚できる人は、まれです。たいていの人は、右にするか、左にするか、さまざまな可能性《かのうせい》を考え、ある一線を越《こ》えたときに心を決めるということになります。

ここで、私は特《とく》に言っておきたいことがあります。それは、「結婚の際《さい》にいちばん大切なことは、過去《かこ》がどうであったかではない」ということです。「過去、相手がどのように生きてきたか。また、過去、自分がどのように生きてきたか」ということは、相手や自分がどういう人間であるかを示《しめ》す履歴書《りれきしょ》にはなるでしょうし、「その人の過去は、その人そのものである」と思えるかもしれません。

しかし、私は言っておきたいのです。「結婚とは、相手の過去と結ばれる行為《こうい》ではない。過去の相手と結婚するのではない。結婚の相手は、現在《げんざい》から未来《みらい》に向かって生きていく人間であり、結婚愛における情熱は、未来への情熱である」ということを、決して忘《わす》れてはなりません。

自分も百パーセントの人間ではないように、相手も百パーセントの人間ではありません。常に百パーセントを求めれば、相手から得《え》ることも、みずから与《あた》えることもできないでしょう。

過去を振《ふ》り返ったとき、人間には百パーセントということはありません。しかし、未来にかける情熱においては、百パーセントということがありうるのです。

自分一人ならば、不完全な人生を生きるかもしれませんが、その自分が、結婚相手と巡《めぐ》り合うことによって、互いに力を合わせ、欠点を補《おぎな》い合い、長所を伸《の》ばし合って、素晴らしい社会人として世に尽《つ》くしていくことは、可能なはずです。いや、可能でなければならないのです。

ゆえに、これから結婚する人にも、すでに結婚している人にも、心して考えていただきたいことがあります。

それは、「相手の過去と結婚する（した）のではなく、相手の未来と結婚する（した）のである。その未来は、仏《ほとけ》以外の何ものも知ることはできないのであり、それをかたちづくっていくのは自分と相手の二人である」ということです。たとえ両親が何と評価《ひょうか》を下《くだ》そうとも、たとえ世間《せけん》がどのように言おうとも、いったん二人で門出《かどで》したならば、二人の未来をかたちづくる行為の責任《せきにん》は二人にあります。そして、その責任は、同時に、自由を創造《そうぞう》していく喜びでもあるのです。

2 家庭愛

結婚《けっこん》の段階《だんかい》において、過去《かこ》が満点である相手はいないのです。

したがって、結婚生活に乗り出した以上、結婚という舟《ふね》に乗って人生の門出《かどで》を果《は》たした以上、たとえ旅の途中《とちゅう》で嵐《あらし》が来ようとも、雨が降《ふ》ろうとも、風が吹《ふ》こうとも、波が高かろうとも、相手の過去をあげつらってはなりません。「私は、百点満点の相手と結婚しなかったから、いま、こんなに不幸なのだ」と考えてはなりません。それは決して言ってはならないことです。

そうではなく、「結婚したその日から、未来《みらい》をかたちづくるために、自分がどれほど努力をしたか」ということをこそ問わなければなりません。

結婚のほんとうの素晴《すば》らしさは、相手に自分の欠点を補《おぎな》ってもらうと共に、相手の欠点を自分が補い、共に長所を見つけ合い、その長所をほめ、伸《の》ばしていくところにあります。

ところが、夫婦《ふうふ》生活が破綻《はたん》する過程《かてい》においては、たいてい、この逆《ぎゃく》のことが行《おこな》われます。「あばたもえくぼ」という言葉どおりだった、結婚当初の有頂天《うちょうてん》の情《じょう》熱《ねつ》が冷めていくにつれ、しだいに相手の欠点をあげつらうようになり、「こんな嫌《いや》な欠点がある人とは思わなかった」などと、お互《たが》いに言うようになります。

夫《おっと》がそれを言えば、妻《つま》も応酬《おうしゅう》します。その妻の姿《すがた》を見て、さらに、「また新《あら》たな欠点を発見した」と言って、夫は妻を責《せ》めます。こうして家庭が悪くなっていくのです。

そこで、「結婚愛から家庭愛へ」という順序《じゅんじょ》が大事だと私は思います。

家庭愛は、結婚愛とは違《ちが》ったところがあります。

結婚愛は、情熱によって互いを結《むす》びつけ合う力です。異質《いしつ》な二人を、離《はな》れていた二人を、一つに結びつける力です。「二人を一つに結びつける」という方向において、結婚愛は強い力を働かせます。

しかし、結びついた二人は、毎日の生活のなかで息苦しさを感じ、また、身近《みぢか》であるがゆえに、相手の欠点がよく分かるようになってきます。両親でさえ分からなかった欠点までが分かってくるようになるのです。

そういう段階に至《いた》った夫婦は、どうか考えを改《あらた》めていただきたいのです。

結婚愛は結びつけるための情熱でしたが、家庭愛はそうではありません。家庭愛は、持続《じぞく》していく情熱、持続のための情熱です。結婚は、持続していくなかにこそ真実のものがあるのです。

アコヤ貝は、外から砂《すな》や小石などの異物《いぶつ》が入ってくると苦しみます。しかし、やがて、その異物をみずからの粘液《ねんえき》によってくるみ、固《かた》め、見事《みごと》な真珠《しんじゅ》にしていきます。

真珠は、外からは何の欠けるところもないように見えます。何らの欠点もないように見えます。それが真珠の特徴《とくちょう》です。しかし、その見事な真珠ができるには、「砂や小石が入ってアコヤ貝が苦しんだ」という事実があるのです。

夫婦とは、アコヤ貝のようなものかもしれません。アコヤ貝は二枚《まい》の貝殻《かいがら》からできています。夫婦は二枚の貝殻で一つの貝をつくっており、そのなかで、真珠のように見事なものをつくり出そうとしているのではないでしょうか。

それでは、持続によって生み出される美徳《びとく》とは何でしょうか。なぜ、持続をしていくことに、価値《かち》、値打《ねう》ちがあるのでしょうか。

それは、真珠のたとえを例に取って考えると、よく分かるでしょう。入ってきた異物を単に吐《は》き出すことをもって、よしとするならば、あるいは、砂や小石が入ってきたために、二枚の貝殻が互いに離反《りはん》して口を開《ひら》いたならば、決して真珠はできません。

異物は、異質なるものは、より素晴らしいものを育《はぐく》んでいくために利用していかなくてはならないのです。

3 愛の力

仏《ほとけ》は、何ゆえに男女を結《むす》びつけ、終生《しゅうせい》変わらぬ愛を続けさせようとするのでしょうか。

実《じつ》は、「家庭愛のなかには、ある意味で、すべてが含《ふく》まれている」と言っても過言《かごん》ではないのです。

私は、かつて、「愛は結びつけ合う力である。愛は地上においても実在界《じつざいかい》においても最大の力である」ということを述《の》べたことがあります。一人ひとりの人間の力は、小さく有限《ゆうげん》に見えるかもしれませんが、互《たが》いに手を取り合うことによって、さらに力を強め合うことができます。「愛は無限《むげん》に結びつけていく力であるからこそ最大の力であるのだ」と私は語ってきたのです。

家庭愛においては、この努力が試《ため》されていると言えます。結びついたものが、すぐに離反《りはん》していくだけならば、それは愛の力とは言えないでしょう。愛の力のなかには、「結びついたものが、互いに力を強くし合いながら、決して手を離《はな》さない」というところがあるのです。

「愛の力は、結局、仏が世界を創《つく》っている力と同じである」と言えなくもありません。

仏は、大宇宙《だいうちゅう》を創ったとき、さまざまな星を創りました。さまざまな星を結びつけている力は愛です。仏の愛によって、それぞれの星が、それぞれの位置を確《かく》保《ほ》しながら、大宇宙をかたちづくっています。それぞれの星は愛によって結びつけられています。

そして、その星のなかに住む生物たち、すなわち、動物や植物、および人類は、仏の大いなる愛の力の下《もと》に、互いに結びつき、協力し合う生活をしているのです。

したがって、夫婦《ふうふ》がお互いに愛し合い、相手を生かし合う経験《けいけん》をすることは、仏の経験の一部を人間が味わうことにほかなりません。万一《まんいつ》、そのときに、苦労と思われるものがあったとしても、それは、「仏の苦労がいかばかりであるか」ということを推測《すいそく》するための、貴重《きちょう》な教訓《きょうくん》になるに違《ちが》いないのです。

4　夫婦《ふうふ》の生活

そうは言うものの、現実《げんじつ》に数十年の人生を夫婦《ふうふ》が一緒《いっしょ》に生きていくのは、楽なことではないかもしれません。

生まれてくる前に結婚《けっこん》を約束《やくそく》した相手であっても、地上で、二、三十年、生きてきた過程《かてい》で、家庭環境《かんきょう》や教育環境、生活環境、その他《た》によって、自分とは、ずいぶんと考え方が違《ちが》ってきています。そのため、相手の考え方の一つひとつが不《ふ》思議《しぎ》に見え、違和感《いわかん》があるかもしれません。

二、三十年かかって形成されてきたものを抜《ぬ》き去るには、同じだけの歳月《さいげつ》が必要です。それなくして、夫婦のあいだで価値観《かちかん》が見事《みごと》に一致《いっち》するということは、なかなかないはずです。

ただ、私はここで特《とく》に述《の》べておきたいことがあります。

価値観、考え方が自分と一致する者を受け入れることは、極《きわ》めてたやすいことであり、自分と意見の合う人と一緒に仕事をすることも、自分と気の合う人と友《とも》達《だち》になることも、すべての考え方が自分と一致する人と夫婦になることも、簡単《かんたん》なことです。

しかし、考えてみれば、夫婦生活は、極めて長い時間、地上での経験《けいけん》を二人で共有するものです。ある意味では、職業《しょくぎょう》において経験する以上の時間を、二人で共有し合うことになるかもしれません。この時間のなかに、学びがまったくないならば、その人生は不毛《ふもう》ではないでしょうか。

ゆえに、相手のなかに自分とは異質《いしつ》なるものを発見できたならば、それを喜びとすべきではないでしょうか。また、それを自分の反省材料とすべきではないでしょうか。自分にない考え方を相手が持っているというのは、素晴《すば》らしいことではないでしょうか。私はそう思うのです。

相手の考えと自分の考えは、時と場合により、また、対象《たいしょう》となる人により、結《けつ》論《ろん》を異《こと》にすることはあるでしょうが、「そのなかで、いちばんよいものを選《えら》んでいく」というやり方は、実社会のなかで、よりよき生き方をする方法と、極めて似《に》ていると思います。

夫婦生活は、「夫婦が話し合いによって結論を出していく」という生き方ですから、「夫婦の生活は民主主義《みんしゅしゅぎ》の第一歩《だいいっぽ》である。まさしく民主主義の基礎《きそ》が夫婦生活のなかにある」と言ってもよいでしょう。

妻《つま》と夫《おっと》の意見がいつも合うということは、極めてまれなことです。そして、あるときは妻が勝ち、あるときは夫が勝つことになるわけですが、共に、それを感《かん》情的《じょうてき》に受け止めることなく、二人の生活にとって、よりよい方向を目指《めざ》していくことが大切です。

妻の意見に従《したが》ってみて、うまくいったならば、夫は妻に対して、「やはり、あなたは賢《かしこ》い人であった」と、ほめ言葉を言えばよいのだし、うまくいかなかった場合には、妻は夫に対して、「私のほうが間違《まちが》っていました。あなたの考えでやり直しましょう」と言えばよいのです。

このような試行錯誤《しこうさくご》は、いかなる世界においてもあることです。ゆえに、「相手の言葉によく耳を傾《かたむ》ける」という性質《せいしつ》を大事にしなければいけません。

また、結婚当初は、夫婦でいろいろな理想を描《えが》いているでしょう。「こういう家を建て、こういう子供《こども》を生み、こういう人生を送る」ということを、夜空の星を眺《なが》めながら、ロマンとして、お互《たが》いに語り合っていることも多いでしょう。

ところが、一年が過《す》ぎ、二年が過ぎ、十年、二十年が過ぎていくと、その気持ちが薄《うす》れ、現実のなかで薄汚《うすよご》れていくのを感じることでしょう。

夫は、かつてのような優《やさ》しい理想的な夫ではなく、仕事に疲《つか》れた夫であり、妻も、もはや可憐《かれん》な少女ではなくなり、汚れたエプロンをつけて、「体が痛《いた》い」などと常《つね》に愚痴《ぐち》や不満を言う妻かもしれません。

しかし、そういうときに、初心を思い返してほしいのです。二人が出会って愛し合い、誓《ちか》い合ったときのことを――。

その少女を現在《げんざい》の姿《すがた》に変えたのは、ほかならぬ、夫であるあなたではないでしょうか。あるいは、夫を現在の姿に変えていったのは、ほかならぬ、妻であるあなたではないでしょうか。

出会ったころより、相手がみすぼらしく見え、悪くなっていると思われるならば、それは相手だけの責任《せきにん》ではありません。みずからの責任でもあるということです。

夫婦は、共に生きることによって、お互いを啓発《けいはつ》し合い、教育し合うことが大事なのです。お互いに相手の悪いところを見習っていたのでは、夫婦生活は低下の一途《いっと》を辿《たど》ることになります。

自分が持っていないよさを相手のなかに見いだしていく努力こそが、すべてだと思います。お互いに相手のよいところを見つけていき、向上していくことが大事なのです。

5　愛し合う努力

本節《ほんせつ》では、単に夫婦《ふうふ》生活のみならず、人生の一般論《いっぱんろん》についても語っておきたいと思います。

人生とは、階段《かいだん》の上に生まれ、そこを生活の場としているようなものです。すなわち、そこは階段なので、一歩《いっぽ》でも動くとすれば、上昇《じょうしょう》への道を辿《たど》るか、下降《かこう》への道を辿るか、この二つしかないのです。

夫婦が誓《ちか》い合って結婚《けっこん》したということは、「人生の途上《とじょう》において、二人の階段がどこかで交差し合い、同じ段《だん》に二人で並《なら》んだ」ということです。結婚後、この二人が進んでいく道は、階段を上《のぼ》るか、下《くだ》るか、このどちらかしかありません。

要するに、心が揺《ゆ》れ、判断《はんだん》に迷《まよ》うときには、「私たちは、いま、階段を上っているのだろうか。それとも、下っているのだろうか」と、自問自答《じもんじとう》していただきたいのです。

妻《つま》である自分の言うことが、あるいは、夫《おっと》である自分の言うことが、階段を下っていく行為《こうい》に相当するならば、それを考え直す必要があります。二人で力を合わせて階段を上らなければなりません。

片方《かたほう》が上りを目指《めざ》し、片方が下ろうとしているならば、上っていこうとする者は、決して自分一人だけが行こうとするのではなく、力強くありなさい。そのとき、力が足《た》りないのならば、愛の力を信じなさい。仏《ほとけ》の力を信じなさい。そして、言葉によって相手を励《はげ》ましていくことです。

家庭愛において大事なことは、言葉による愛です。新鮮《しんせん》で感動的だった出会いのころは、素晴《すば》らしい言葉を語ることは簡単《かんたん》だったでしょう。しかし、毎日の生活を経《へ》ながら、なおかつ新鮮で素晴らしい言葉を出しつづけることは、難《むずか》しいことなのです。

それは、太陽が、毎日、地表を照《て》らしてくれることに対して、人々が、ともすれば感謝《かんしゃ》を忘《わす》れがちであることと似《に》ているかもしれません。太陽は、毎日、東の空から昇《のぼ》ってくれるからこそ、ありがたいのであって、太陽に感謝する気持ちがあるならば、毎朝、感謝しなくてはならないでしょう。

夫婦も、太陽に感謝するのと同じく、毎日、お互《たが》いに楽しく暮《く》らしていけることを感謝し合わなくてはなりません。感謝をし、その感謝を口に出し、言葉としていくことを常《つね》としなければなりません。それが大事です。

また、家庭愛のなかに子供《こども》への愛を含《ふく》めるならば、「決して子供を言《い》い訳《わけ》にはしない」と二人で誓うことが大事です。

子供を、家庭が発展《はってん》していくための素晴らしいエネルギーとし、梃子《てこ》としていくことはよいのです。そうせずに、子供を、仕事ができず、生活が不規則《ふきそく》になり、疲《つか》れることの言い訳にすることだけは、決して、してはなりません。

かつては自分たちにも子供の時代があり、親の愛を受けて育った自分たちなのですから、子供を育てることは聖《せい》なる義務《ぎむ》だと思うことです。

子供が自分たちに迷惑《めいわく》をかけるならば、それは自分たちから仏への恩返《おんがえ》しになると思わなくてはなりません。「両親に恩返しをする代わりに、人類の未来《みらい》に対して、また、大きくは仏の栄光《えいこう》と繁栄《はんえい》に対して、恩返しをしているのだ」という気持ちを忘れないでいただきたいのです。

決して子供を言い訳に使ってはなりません。すべてにおいて発展的に生きていくことが、家庭愛の素晴らしさなのです。

みなさんが新鮮な感動を忘れてしまったならば、どうか、初心に返ってくださ い。朝、目が覚《さ》めたときに、「きょう、命《いのち》が与《あた》えられた」と思って、「夫婦で共に素晴らしい言葉を出し、お互いに愛し合う」という努力を忘れないようにしていただきたいと思います。

第4章

人間らしさと愛

1　文学の重要性《じゅうようせい》

本章では、「人間らしさと愛」について考えてみたいと思います。「人間らしさ」という言葉は、さまざまに解釈《かいしゃく》されていますが、「人間らしさとは何か」ということを真《しん》に知りえた人、語りえた人、説《と》き明かしえた人は、世にもまれな人だと私は思うのです。ここに、文学というものの重要性《じゅうようせい》があります。

文学は、ともすれば、「無駄《むだ》なものである」という捉《とら》え方をされることがありますが、私は決してそうは思いません。偉大《いだい》な文学書を読むことは、一冊《いっさつ》の哲学《てつがく》書《しょ》を読破《どくは》すること以上の意味を持つ場合もあるのです。

なぜかというと、自分の心に響《ひび》かないものに対しては、人間は、深い感動を覚《おぼ》えることができないからです。いくら哲学的知識《ちしき》によって頭脳《ずのう》を思弁的《しべんてき》に固《かた》めていったとしても、その知識が、自分の魂《たましい》を刺激《しげき》することもなく、また、他人の魂を揺《ゆ》さぶることもなければ、それは人生において大きな意味を有《ゆう》しているとは言えないと思います。

そこで、「人間らしさ」をテーマにして、文学的なアプローチをしてみましょう。

文学の重要性は、一般《いっぱん》に、どこにあるのでしょうか。単に暇《ひま》を潰《つぶ》す目的で文学を読む人もいるでしょうが、私は、文学にはもっともっと深い意味があると感じざるをえません。文学には、哲学にないものもありますし、ある意味において、宗教《しゅうきょう》にないものもあります。

哲学にないものに関しては、すでに述《の》べましたが、宗教にないものとは何でしょうか。宗教の場合は、「一定の価値尺度《かちしゃくど》を上から押《お》しつけられる」という傾向《けいこう》がありますが、文学は、「読む人の立場に立った味わい方が許《ゆる》される」という面があります。この点に違《ちが》いがあります。

考えてみれば、確《たし》かに、文学は、真理を伝える手段《しゅだん》としては、蟻《あり》も逃《のが》さぬような緻密《ちみつ》さがあるとは言えないかもしれませんが、しかし、「各人が幸福になる過《か》程《てい》において、ある程度《ていど》、個人《こじん》の自由が許されている」ということは、大切なことではないでしょうか。

文学の喜びは、「それを読む人が、自分なりに発見するものがある」というところにあると思います。ある人は、まったく感動せずに通り過《す》ぎる箇所《かしょ》であっても、別な人は、登場人物と自分を同一視《どういつし》して、感情移入《かんじょういにゅう》をしていくことがあります。

このように、文学は一種の多面体であり、面ごとに、それぞれ輝《かがや》き方が違っていて、すべての面を同時に見ることはできないものなのではないでしょうか。水《すい》晶《しょう》やダイヤモンドのように、必ずどこかの角度から見なければならないのです。

私は、みなさんに、ときおり文学書をひもとく時間を取っていただきたいと思います。

それは、「人間の心には、どれほど可能性《かのうせい》があるのか」ということに目覚《めざ》めていただきたいからです。また、優《すぐ》れた文学者によって書かれた文章を読むことによって、一回の人生を生きながら、同時に複数《ふくすう》の人生を生きたのと同じような体験をすることが可能だからです。

人生の折々《おりおり》において、判断《はんだん》に迷《まよ》ったときに、「あの小説の主人公は、こういうときには、こう考えていたな。こういう判断をして、こういう道筋《みちすじ》を辿《たど》っていったな。その結論《けつろん》に対して、自分はどう思うか。それをよいと思うか、避《さ》けたいと思うか」、このようなことを考えることです。それ自体が、人生を富《と》ませる契機《けいき》になりうるのです。

2　善《ぜん》と悪

文学と宗教《しゅうきょう》は、善悪《ぜんあく》の考え方にも違《ちが》いがあります。

宗教は、「悪を捨《す》て、善を取れ」という方向を明確《めいかく》に示《しめ》し、この至上命題《しじょうめいだい》に従《したが》わない場合は、従わないこと自体が悪になってしまいます。簡単《かんたん》に結論《けつろん》が出るわけです。

しかし、文学の追究するテーマは、「善と悪とがあることは、当然、分かっているけれども、やむにやまれず悪のなかに堕《お》ちていく」、あるいは、「間一髪《かんいっぱつ》のところで悪から善に転ずる」、そういう人間の心理を描《えが》くところにあると言えるのです。

人間の心理を研究していくと、「オール・オア・ナッシング」（全《ぜん》か無《む》か）ということはありえないことが分かるでしょう。これを明確に説《と》き明かしてくれるのが文学なのです。

文学的な思索《しさく》、思考をしたことがない人間は、一つの問題に対して、とかく、「イエスかノーか」という判断《はんだん》をとりがちです。それも、道徳律《どうとくりつ》に従って判断しようとする傾向《けいこう》があります。

それはそれで合理的な生き方であり、そういう人が増《ふ》えることによって、人間社会は実《じつ》に整然とした社会になっていくだろうと思えます。ただ、実際《じっさい》には、そう簡単にいかないところが、人間の深みであり、人生の味わいであると言えましょう。

人間は、生きていく以上、日々、何らかの結論を出しつづけていかなければなりません。しかし、「その過程《かてい》において、いかに深く物事《ものごと》を考えたか。いかに愛深く考えたか。いかに他人の人生とかかわりを持ちえたか。いかに他人の心を酌《く》み取ったか」、こういうことが大きな意味合いを持っていると思うのです。

私は、日ごろ、結論をはっきりと出す方向で、人々を指導《しどう》しています。「仏法《ぶっぽう》真理《しんり》では、この方向が正しいのだから、この方向に歩《あゆ》みなさい」「悩《なや》みを一刀両断《いっとうりょうだん》にし、このように生き方を変えなさい」ということを言っています。

しかし、日々の生活のレベルにおいては違った局面があることも、教えておきたいと思います。つまり、「同じ結論を出すにしても、その結論に辿《たど》りつくまでの過程が、いかに大事であるか」ということを、文学的思索として学んでいただきたいのです。

仕事をしていれば、ある人に対する判定《はんてい》を出さなくてはならず、結果《けっか》として人を裁《さば》くようなこともあるでしょう。ただ、それをあまりにも単純《たんじゅん》に、ドライに行《おこな》い、結論を出すことだけを、日々の仕事としてはなりません。「心の過程、心理の過程において、いかに多くのものを味わい、学んでいくか」ということが、極《きわ》めて大切なのです。

要するに、善悪の発生の過程をもっと学んでほしいということです。「何が善で、何が悪か」ということは、仏《ほとけ》の立場から見れば明らかですが、人間の立場から見たら、必ずしも明らかには分からない面があります。それを深く深く観察することによって、人生において多くの実《みの》りを得《え》ることになります。

確《たし》かに、世界の本質《ほんしつ》は光であり、善であり、世界はよきもので満たされています。しかし、三次元世界においては、さまざまな葛藤《かっとう》や心理劇《しんりげき》が展開《てんかい》されています。

その理由を考えてみると、「仏は文学的な思索ができる存在《そんざい》である」ということが分かるでしょう。すなわち、結論を一挙《いっきょ》に出してしまうのではなく、結論を導《みちび》き出すまでの心理的葛藤をも容認《ようにん》し、それを受け止め、忍耐《にんたい》し、甘受《かんじゅ》していくだけの器《うつわ》を、仏は備《そな》えているのです。

したがって、人間にとって、そういう努力を積《つ》み重《かさ》ねることは、仏の境地《きょうち》を理《り》解《かい》していく上で、大きな意味があるのではないでしょうか。

3　人間らしさの根本《こんぽん》

人間らしさと愛について、さらに考えてみましょう。

「人間は、ともすれば、仏《ほとけ》の意図《いと》を量《はか》りかね、間違《まちが》った判断《はんだん》をするけれども、契機《けいき》さえ与《あた》えられれば、また立ち直る可能性《かのうせい》をも持っている」というところに、人間らしさの根本《こんぽん》があると私は思います。

「一つの間違いも犯《おか》さない」という生き方は、仏、あるいは、仏の代理人の生き方であり、現実《げんじつ》の人間には、かなり困難《こんなん》なことでしょう。ただ、私は、人間らしさを、単に、過《あやま》つこと、間違いを犯すこととは捉《とら》えたくありません。「人間は、過《あやま》ちを犯す可能性を持っているが、正しさに導《みちび》かれる契機を与えられれば、必ずや立ち直る可能性をも持っている。人間らしさは、この辺にある」と考えたいのです。

「肉体を持ち、地上に生きている」ということは、「本来、完全な『仏の子』の魂《たましい》であっても、その表現《ひょうげん》においてかなりの苦しみや難渋《なんじゅう》がある」ということです。それに対する理解《りかい》を決して忘《わす》れてはいけません。

自分に対しても、他人に対しても、これは同じです。文学を深く読むような目でもって、他人の心の動きと行動を読み取らなくてはなりません。また、文学を深く読み取る手法《しゅほう》をもって、自分自身の心の動きと行動を読み取らなくてはなりません。

要《よう》は、「人間は、仏が出した結論《けつろん》に従《したが》わないこともあるが、必ずや、元の正しい道に帰ってくる可能性を持っている」という理解の仕方をすることが、他人や自分に対する優《やさ》しさを生むことになるのです。この考え方を大切にしていただきたいと思います。

自分に対して、「仏法真理《ぶっぽうしんり》に反することをすれば、もう極悪人《ごくあくにん》であり、助からない。もはや、何の権利《けんり》もなく、何を言うことも許《ゆる》されず、正しい生き方は許されない」と考えることは極端《きょくたん》です。

他人に対しても同様です。「仏法真理に反する生き方、言動《げんどう》をしたとしても、その人にも許される道が残されている。いや、その人は、必ずその道を辿《たど》っていくのだ」と考えてあげることは、極《きわ》めて大事なことなのです。

私は、人間らしさの根底《こんてい》にあるものとして、「許し」というものを大きく取り上げておきたいと思います。「許しがある」ということは、その前提《ぜんてい》として、「過ちはある。過つことはある」ということです。それがなければ許しもありません。

自由がなければ、すなわち、人間が、みな杓子定規《しゃくしじょうぎ》な行動をとるならば、おそらく地獄《じごく》はなかったでしょう。地獄がつくられていくという危険《きけん》を冒《おか》してまで、なぜ仏は自由を人間に与えたのでしょうか。

それは、人間に大きな喜びを生ませるためです。

人間には、創造《そうぞう》の喜び、発見の喜び、選択《せんたく》の喜び、こういうものがあります。自由があるからこそ、新《あら》たなものを創造していくことができます。自由があるからこそ、試行錯誤《しこうさくご》をしながら、さまざまな発見をして、鋭《するど》い喜びを味わうことができます。自由があるからこそ、選択の喜びがあります。

人間には、「善《ぜん》と悪とのあいだで揺《ゆ》れながら、最終的には善を選《えら》び取っていく」という喜びがあるのです。

4　時間のなかの許《ゆる》し

善《ぜん》と悪については、古来、宗教家《しゅうきょうか》や哲学者《てつがくしゃ》がいろいろと議論《ぎろん》をしてきました。「神が善一元《ぜんいちげん》の存在《そんざい》であるならば、悪があることはおかしいし、悪霊《あくれい》、悪魔《あくま》が存在することもおかしい。そういうものが存在するということは、神の属性《ぞくせい》のなかに、そういうものがあるということだろうか。

また、神の属性のなかに、そういう性格《せいかく》がないとすれば、この宇宙《うちゅう》を神がすべて支配《しはい》しているとは言えない。神の支配の及《およ》ばない世界があることになる。そこには、ほかなる存在があることになる。そうすると、神は唯一《ゆいいつ》の絶対者《ぜったいしゃ》ではありえなくなる」

こういう矛盾《むじゅん》したテーマがあり、善悪《ぜんあく》については、古くから、なかなか結論《けつろん》が出なかった面があります。
インドネシアのバリ島では、バロンダンスという民族的な演劇《えんげき》が行《おこな》われていま
す。それには、民族神である善神《ぜんしん》のバロンと、悪魔の化身《けしん》である悪神《あくしん》のランダが
出てきます。そして、「善なる神、真《しん》なる神であるバロンの力と、悪なる神、す
なわち悪魔であるランダの力とは対等で、決して決着がつかない。善なる神と悪
なる神が、永遠《えいえん》に戦いつづける」という思想が描《えが》かれています。
この考え方は、はるかなる昔《むかし》に中東《ちゅうとう》で説《と》かれたゾロアスター教においても、
「善と悪との戦い」、すなわち、「光の天使、指導霊《しどうれい》であるオーラ・マズダと、悪
神との戦い」として描かれているテーマです。
それでは、ほんとうに、そういう善神と悪神とがあり、その力は互角《ごかく》で決着が
つかないのでしょうか。
確《たし》かに、人類の歴史を見ると、常《つね》に、善なるものと悪なるものがあって、闘争《とうそう》

しつづけ、決着がつかずにいるようにも見えます。

このような二元的《にげんてき》な考え方も、地上の人間を導《みちび》いていくための方便《ほうべん》としては、とても役立つものだと私は考えています。

人間にとっては、三つのなかから一つを選《えら》ぶよりも、あるいは、五つや十のなかから一つを選ぶよりも、二つのなかから一つを選ぶほうが、はるかに簡単《かんたん》です。また、それは、同時に、その決断《けつだん》の過程《かてい》において、多くの勇気を必要とするものでもあります。「イエスかノーか」「全《ぜん》か無《む》か」の決断というのは、人間の心理において極《きわ》めて基本的《きほんてき》なものです。

こういう導き方で、正しいものを教えていくことは、方法論的《ほうほうろんてき》には優《すぐ》れた面があると考えます。

ただ、真実の仏《ほとけ》の世界からの結論を語るならば、やはり、「善悪の二元を超越《ちょうえつ》した、一元的なる、大いなる善があり、地上の人間の目に善悪と見えるものは、自由そのものに付随《ふずい》する属性が、違《ちが》ったように見えているだけである」と考えてよいでしょう。

自由は、その出発点において制限《せいげん》がないことをもって自由とされます。制限がないことによって、衝突《しょうとつ》が起きることもあれば、繁栄《はんえい》が起きることもあります。すなわち、自由は、繁栄の側面《そくめん》を取ると善に見え、衝突、あるいは相克《そうこく》の面を取ると悪に見えることになります。

この悪の面は、普通《ふつう》、反省や改心《かいしん》、懺悔《ざんげ》などの過程を経《へ》て、許《ゆる》しを得《え》、善なるものに転化することが、当然のこととされています。

こういう真理が前提《ぜんてい》とされているということは、一定の時間を超《こ》えたときに、善一元の思想になりうるということです。

「人生の数十年を見たときに、善悪は明らかに分かれるとしても、長い長い時間の流れにおいては、悪なるものは、すべて、善なるものへと教導《きょうどう》され、導かれているのだ」という考え方は、一つの一元論《いちげんろん》です。

「人間にとっては無限《むげん》に近い時間も、仏の目から見れば、ほんの一瞬《いっしゅん》である」という思想をもってするならば、「善しかない世界が展開《てんかい》されているのだ」と言えます。

悪の存在、悪の行為《こうい》について、「許しがたい。この世に仏はおられないのか。仏や菩薩《ぼさつ》の力と悪魔の力は互角なのか」などと、さまざまな疑問《ぎもん》を持っている人もいるでしょう。

しかし、そういう人に対して、私は、「そう見えることもあるかもしれないが、時間の流れのなかで、『許し』という宗教的《しゅうきょうてき》行為があることを知りなさい。許しがあることによって、すべては、善なるものへと転化していく過程として捉《とら》えられるのだ」と言っておきたいのです。

5　愛に生きる

人間らしさについて、いろいろな側面《そくめん》から考えてみました。

また、愛のなかで「許《ゆる》し」の部分が大事であることも語ってきました。

愛において、もう一つ大事なことは、「多くの人のために、他《た》の人のために、自分の時間、自分のエネルギーを割《さ》く」ということです。

愛は、いろいろと難《むずか》しい議論《ぎろん》を含《ふく》んでいますが、あえて二つに要約するならば、愛には、「許し」の側面と、「自分のものを惜《お》しまず、自分のものを節《せっ》してでも、多くのものを他の人に与《あた》える」という側面があります。

後者《こうしゃ》は、他から奪《うば》い搾取《さくしゅ》する思いを捨《す》て、できるだけ他に与えていこうとする、そういう思いだと言えるでしょう。「一日二十四時間のなかで、どれだけ多くのものを他の人に与えることができるか」、こういう考えの下《もと》に生きていくことが、「愛を生きている」「愛に生きている」ということだと私は思います。

「他の人からしてもらうことは、できるだけ少なく、他の人にしてあげることは、できるだけ多く」という思想を持って生きていく人が、世の中に満ち溢《あふ》れるならば、地上は必ずや天国になり、幸福に満ち溢れることになるのです。

私は、「人間らしさの根本《こんぽん》は、不安定な心理が、許しを得《え》て、美しいものへ、善《ぜん》なるものへと転化していく過程《かてい》にある」と思います。そして、「自分も他人も、悪を犯《おか》しうるものではあるが、できるだけ多くの善を生み出す努力をしていくところに、人間らしい営《いとな》みがある」と考えます。

悪の産出をなるべく少なくし、善をできるだけ多くつくり出していくことが大事です。これは、別の面から見るならば、自分が得《え》ようとするものは少なくし、多くのものを人々に与えていこうとする過程でもあります。こういう行為《こうい》が増《ふ》えることによって地上の悪は少なくなるのだということを、深く深く理解《りかい》していただきたいのです。

第5章

祈《いの》りと愛の生活

1　豊《ゆた》かさと潤《うるお》い

より豊《ゆた》かで、より潤《うるお》いに満ちた生活を送っていくには、どのようにすればよいのでしょうか。このテーマについて、みなさんは考えたことがあるでしょうか。

人間は、ともすれば、豊かさというものを忘《わす》れがちです。みなさんは、もちろん、物質的《ぶっしつてき》な豊かさは知っているでしょうが、「毎日が豊かである」という感覚は、そう簡単《かんたん》には分からないかもしれません。これは、その感覚を思い起こしてみなければ、なかなか理解《りかい》できないものです。

桜《さくら》の花がつぼみを開きはじめるころに、そのほほえみかけるような桜並木《なみき》の下を通った日の温《あたた》かい思いが、みなさんの記憶《きおく》のなかにはあるでしょうか。一日一日が積《つ》み重《かさ》なって一年となりますが、その一年のなかには、とてもとても豊かな一日があるのです。

それは、何とも言えない感慨《かんがい》です。あえて、それを言葉に置《お》き換《か》えるならば、「自分というものが溶《と》け出し、流れ出して、大自然と一体になったような気持ち」と言ってもよいでしょう。あるいは、「豊かで大きな気持ち、自然を包《つつ》んでいる大きな心と、一体になっている」という感覚です。これが、実《じつ》は、豊かさというものと大きくかかわっているのです。

こういう比喩的《ひゆてき》な表現《ひょうげん》でしか、みなさんにお伝えすることができないことを、とても残念に思いますが、「自分自身の心が溶け出し、フワッと広がって、すべてのものと一体になるような感覚」を、私は「豊かさ」と呼《よ》んでみたいのです。

みなさんの毎日は、どうでしょうか。自分の一日を映像化《えいぞうか》し、映画《えいが》でも観《み》るように眺《なが》めてみてください。

そうすると、早足で、ハツカネズミのように、あちらに走り、こちらに走り、忙《いそが》しそうにしている自分の姿《すがた》が目に浮《う》かぶことでしょう。そういう姿のなかに、どうして豊かさを感じ取ることができるでしょうか。むしろ、個性《こせい》の埋没《まいぼつ》さえ感じるのではないでしょうか。

「忙しそうに立ち働いているなかで、心を見失《みうしな》い、自分を見失う。毎日のルーティンワークのなかに、自分を埋没させていく。

そして、いつしか、あの豊かな心を忘れ去ってしまった。

梅《うめ》の花の香《かお》りのなかに漂《ただよ》う、あの心。桜の花のほほえみのなかを通り過《す》ぎたときに感じた、あの心。咲《さ》き乱《みだ》れるチューリップ畑のなかで感じた、あの心。和《なご》やかな顔になり、笑顔《えがお》に溢《あふ》れ、屈託《くったく》もなく引っかかりもなかった、あの心。

そういう心を忘れ去って、いま、自分はここで何をしているのだろう。いったい何に夢中《むちゅう》になっているのだろうか。まったく取り返しのつかない日々を送っているのではないか。

自分は、石炭を掘《ほ》りつづけて、顔も体も真っ黒になっている。坑道《こうどう》のなかを深く深く掘って、真っ黒になっている。

いつのまにか石炭を掘っている自分であるが、ふと考えてみると、自分は石炭を掘るつもりではなかったのではないか。自分が『欲《ほ》しい』と思っていたのは、あの透《す》き通ったダイヤモンドだったのではないか。自分は『ダイヤモンドを掘り出してみたい』と願《ねが》っていたのではないか。

それにもかかわらず、いつのまにか、スコップを持つ手は、土を掘り返して石炭を採掘《さいくつ》することに意義《いぎ》を見いだしていたのではないか」

こういう間違《まちが》いが、あちらでもこちらでも見つかるような生活をしているのが、現代人《げんだいじん》の姿かもしれません。

この際《さい》、気をつけなくてはならないことは、「豊かさがない」ということだけでなく、「潤《うるお》いがない」ということです。

豊かさと潤いとは、似《に》ているところもありますが、違《ちが》ったところもあります。豊かさが、根源的《こんげんてき》なる大きなものと一つになっていく感覚だとすれば、潤いとは、「その豊かさのなかにある自分が、キラリと光る瞬間《しゅんかん》を持つ」ということになりましょうか。

2　静寂《せいじゃく》な時間

雨上がりの大自然を思い浮《う》かべてください。

「池の上の霧《きり》が晴れ上がって、太陽の光が射《さ》してくる。草の葉にたまっていた雨の滴《しずく》が、一つ、二つと、時間を置《お》いて、池の水に落ちていき、確《たし》かな波紋《はもん》をつくっていく。

葉の上でキラキラと輝《かがや》いている水玉。起《お》き抜《ぬ》けのような太陽の光を浴《あ》びて、虹《にじ》色《いろ》に光っている、その美しい姿《すがた》。それが、葉の先に集まって大きな玉となり、重みをたたえて葉を下に押《お》し下げ、やがて、ある瞬間《しゅんかん》に、プルンと葉を震《ふる》わせて、水滴《すいてき》となって落下し、池に落ちる」

その輝きの瞬間、私たちは潤《うるお》いというものを感じます。これは、豊《ゆた》かさとは明らかに別の感覚であって、「潤い」と言うにふさわしい感覚だろうと思います。

これを別の言葉で言うならば、「一日の生活のなかにある、寂《じゃく》たる時間、静寂《せいじゃく》なる時間。まるで永遠《えいえん》を感じさせるような、寂々《じゃくじゃく》たる時間。その時間を持つ」ということになりましょうか。こうした静寂なる時を持ち、心を静めることが、潤いにつながっていくと私は感じるのです。

豊かさの感覚が、人間にとって、永遠の理想であるとすれば、潤いの感覚は、一日のなかの理想でしょう。「一日のなかに理想を持った人間は素晴《すば》らしい」、そう私は本心から言うことができます。

「一日のなかで、喧騒《けんそう》から離《はな》れ、自分の内に静寂なるものを見いだすことができた人間は素晴らしい。そこに光がある。そこに輝きがある。そこに光沢《こうたく》がある。そこに、芳潤《ほうじゅん》なる、馥郁《ふくいく》たる香《かお》りがある。それを潤いと呼《よ》ぼうではないか」、そう私は提案《ていあん》したいのです。

3　祈《いの》りのとき

豊《ゆた》かさや潤《うるお》いを生活のなかに取り込《こ》んでいくには、どうすればよいのでしょうか。これについて考えてみましょう。

私は、過去《かこ》、反省について幾度《いくど》も話をしてきましたが、本章では、祈《いの》りについて語っておきたいと思います。

豊かな感覚、また、潤いのある時間——。こうした際《さい》に、心は、その扉《とびら》を開き、無限《むげん》の彼方《かなた》へと梯子《はしご》を伸《の》ばしていくように感じられます。天空《てんくう》に架《か》かる虹《にじ》のように、夢《ゆめ》の梯子を、夢の階《きざはし》を、胸《むね》の扉から架けようとしているかに見えます。

そうです。豊かな時間を生きるためには、大いなる仏《ほとけ》、主《しゅ》と、また、主を表現《ひょうげん》している大自然と、一体にならなくてはなりません。

大自然の姿《すがた》の偉大《いだい》さよ。大自然の豊かな心よ。

それを見、それを感じ取るときに、「ああ、自分も、豊かなるものと一つになりたい。豊かなるものにつながっていきたい」と願《ねが》うのは、ごく普通《ふつう》の素直《すなお》な感情《かんじょう》だと言ってよいでしょう。

このときに、人々は、ためらいもなく、衒《てら》いもなく、祈ることが可能《かのう》になるのです。

祈りには衒いは不要です。傲慢《ごうまん》な心でもって祈りをすることは危険《きけん》です。大いなる欲望《よくぼう》の坩堝《るつぼ》のなかで祈りをすることは、熱《ねっ》された坩堝のなかに手を差し込むのと同じで、大火傷《おおやけど》をしてしまうことになるでしょう。

祈りのときには静かであれ。
祈りのときには多くを語ってはならない。
祈りのときには静寂心《せいじゃくしん》を忘《わす》れてはならない。
祈りのときには喧騒《けんそう》から離《はな》れよ。
多くの者たちと共にいて、語っていてはならない。
祈りのときは静かにあれ。
静かにて、主と語れ。

祈りは、いつも、そういうものだったのです。
愛を説《と》いたイエスでさえ、群衆《ぐんしゅう》に囲《かこ》まれているなかでは祈りをすることはできませんでした。彼《かれ》も、群衆を離《はな》れ、独《ひと》り、山のなかに入って、ひそかに主に祈っていました。そのことを忘れてはなりません。

祈りとは、そうしたものであり、実《じつ》は、この祈りの瞬間《しゅんかん》は、とても懐《なつ》かしく、かつ喜ばしい、幸福な瞬間なのです。主は、あなたがたの親です。その懐かしい親と対面できる瞬間が、祈りの瞬間なのです。

多くの人は、霊能者《れいのうしゃ》ではないので、実在界《じつざいかい》の偉大な霊人《れいじん》たちと自由自在《じゆうじざい》に語り合うことはできません。しかし、そういう人であっても、祈りの瞬間においては、主の心と一つになっている自分を感じ取ることができます。主の臨在《りんざい》そのものを感じ取ることができます。「いま、主がここに来ておられるのだな。そして、その温《あたた》かい光のオーラで、私を包《つつ》んでくださっているのだな」、こういうことが分かるようになってきます。それは非常《ひじょう》に幸福な瞬間です。

祈りの作法《さほう》においては、「この世的なるものを去り、孤独《こどく》のなかで、主と相対《あいたい》座《ざ》する」という心構《こころがま》えを忘れてはなりません。

その際には、決して背伸《せの》びをしてはなりません。むしろ、無邪気《むじゃき》で、正直で、多少、はにかみ屋であるようなあなたであったほうがよいのです。幼《おさな》い子供《こども》のように、何も衒《てら》うことなく、肩《かた》を怒《いか》らせることもなく、ごく自然で無邪気な心になって、主に呼《よ》びかけることです。

まず、感謝《かんしゃ》の言葉から入っていきましょう。

４　朝の祈《いの》り

〈感謝《かんしゃ》の祈り〉

主《しゅ》よ、

きょうも私に一日を下《くだ》さいまして、ありがとうございます。
きょう、あなたから頂《いただ》きました、この一日を、
大切に使ってゆきたいと思います。
この一日を、金貨《きんか》のように大事なものとして、
扱《あつか》ってゆきたいと思います。
この一日は、もはや二度とは返ってこない時間だと思います。
この一日を大切にし、
あなたの願《ねが》いが、いま、どこにあるかを深く知って、
生きてゆきたいと思います。

主よ、
私は、きょう一日を、

いかに生きてゆくのがよいのでしょうか。
どのように生きることが、
素晴《すば》らしいのでしょうか。
どのように生きることが、
あなたのお心に適《かな》うこととなるのでしょうか。

主よ、
私を正しくお導《みちび》きください。
私に正しい方向をお示《しめ》しください。
そして、私の生き方に、もし間違《まちが》ったところがあるならば、
それを気づかせてください。
私は、あなたの心を心として、

優《やさ》しく風の如《ごと》き人格《じんかく》として、
世を吹《ふ》き渡《わた》ってゆきたいと願っています。

主よ、
きょう一日の日が、黄金《おうごん》の日となりますように。
主よ、
きょう一日が、きらめきのうちに終わりますように。
そして、一日が終わったときに、
素晴らしい一日であったと言えますように。

以上の祈《いの》りの言葉からも感じられると思いますが、祈りは、これから時を過《す》ごしていこうとするときにこそ、最大の効果《こうか》を発揮《はっき》するものなのです。

反省と祈りをどのように使い分けたらよいのか、みなさんは分からないかもしれません。それをごく簡単《かんたん》に述《の》べるならば、朝起きて、「これから働こう」「これから何かをやっていこう」と思うときに、祈りをするとよいでしょう。そして、夜、一日が終わるときに、その日のことを反省するとよいでしょう。

「『反省→瞑想《めいそう》→祈り』という順序《じゅんじょ》が大事である」と言う人もいますが、それは、「心の浄化《じょうか》を済《す》ませた上で祈りに入っていくのが適切《てきせつ》だ」というアドバイスなのです。

一日を考えてみると、いちばん邪念《じゃねん》が少ないのは朝です。朝には心に曇《くも》りがありません。朝には心に欲望《よくぼう》がありません。朝には疲《つか》れがありません。朝の精神状《せいしんじょう》態《たい》、魂《たましい》の状態は、純粋《じゅんすい》で無垢《むく》です。きのうまでの悩《なや》みや心配事《しんぱいごと》、疲れが、睡眠《すいみん》によって取り去られています。雨が降《ふ》ったあと、大地と大気が清浄《せいじょう》になるように、一晩《ひとばん》の眠《ねむ》りのあとで、健《すこ》やかな精神状態になっています。

それゆえに、このときに祈りをするのは、ほんとうに素晴らしいことなのです。朝一番に、主に感謝《かんしゃ》をし、「自分を導《みちび》いてください」と祈ることです。

さまざまな欲望の対象《たいしょう》を設《もう》けて祈った場合、それは、叶《かな》えられることもあれば、叶えられないこともあり、正しいこともあれば、正しくないこともあります。しかし、この感謝の祈りによって間違うことは決してないのです。

毎朝、主への感謝を捧《ささ》げ、「きょう一日を素晴らしいものにできますように」と祈ることは、一日を豊《ゆた》かにしていくために、どうしても必要なことなのです。

このような祈りによって一日をスタートさせ、その日のうちに、何度か、朝の祈りを振《ふ》り返る瞬間《しゅんかん》を持つことができたならば、そのときにこそ、潤《うるお》いというものを感じ取ることができるでしょう。

朝の静寂《せいじゃく》な時間のなかで祈りをし、豊かさを味わったならば、一日の忙《いそが》しい生活のなかで、ときおり、その朝の祈りのことを思い起こすことによって、心のなかに静寂な気持ちが戻《もど》り、そこに潤いが生まれてくるでしょう。
その潤いに、一瞬《いっしゅん》、浸《ひた》っているあなたの姿《すがた》を見て、あなたに底《そこ》知《し》れない徳《とく》の光を感じ取る人も、おそらくは、数多くいるに違《ちが》いありません。

5　就寝《しゅうしん》の前の祈《いの》り

夜を迎《むか》えたときには、反省をし、就寝《しゅうしん》の前に感謝《かんしゃ》の祈《いの》りを捧《ささ》げて休むことです。
これは、精神的《せいしんてき》に、この上なくよいことだと私は思います。

〈感謝《かんしゃ》の祈り〉

主《しゅ》よ、

きょう一日、健《すこ》やかに過《す》ごさせていただきまして、
まことにありがとうございます。
私は、心の底《そこ》から感謝《かんしゃ》申し上げます。

きょう、私は多くの人に出会うことができました。
多くの人たちに笑顔《えがお》を与《あた》えることができました。
多くの人たちの幸福を願《ねが》うことができました。

また、ありがたいことに、
きょうも新しい学びがありました。
私が学んだことは、決して知識《ちしき》だけではありません。
人の心に触《ふ》れ、その経験《けいけん》に触れて、

珠玉《しゅぎょく》の如《ごと》き光を放《はな》つ学びを
手に入れることができました。
この学びを大切にしてゆきたいと思います。
そして、きょうの私が、きのうまでの私よりも、
確《たし》かに一歩《いっぽ》前進したと思えることが、
とてもとても幸せなことであると思えるのです。

きょうの一日にも、未熟《みじゅく》なことが数多くあったと思います。
まだまだ至《いた》らぬところが数多くあったと思います。
そうした私であるにもかかわらず、
温《あたた》かく見守ってくださった、
あなたの大きな心に感謝いたします。

そして、願わくば、
あす、目が覚《さ》めて、
また素晴《すば》らしい一日がスタートできますように。
この夜の睡眠《すいみん》のあいだに、気力も体力も回復《かいふく》し、
また元気いっぱいの一日を送れますように。
多くの人々の幸福のために生きることができますように。
多くの人々の幸福のために生きることが
自分の幸福であると思えるような、
そうした自分になりますように。

主よ、

どうもありがとうございました。

こういう祈りをもって一日を締《し》めくくることが、大きな豊《ゆた》かさにつながっていくでしょう。

祈りによって、豊かな心で一日を始め、ときおり、潤《うるお》いを取り戻《もど》し、豊かな心で、豊かさのなかで一日を終わる。

なんという素晴らしい一日でしょうか。こういう素晴らしい一日を、みなさんに味わっていただきたいと思います。

このような祈りの毎日を送りつづけると、やがて、素直《すなお》に感謝できるようになり、愛に満たされるようになります。つまり、愛の生活は、祈りを内包《ないほう》しているのであり、また、祈りが、愛を呼《よ》び起こすための誘《さそ》い水《みず》ともなるのです。

第6章

愛からの出発

1　愛からの出発

愛について書きつづけてきましたが、ここで、再《ふた》び原点に立ち返って、「なぜ愛なのか。何ゆえの愛なのか。なぜ愛から出発する必要があるのか」ということについて考え直してみたいと思います。

幸福の科学では、「愛」という言葉が実《じつ》によく使われます。もちろん、私が説《と》いている四正道《よんしょうどう》の第一は「愛の原理」ですから、それは当然のことでしょう。

しかし、言葉がしだいに一人歩きをするようになると、愛という言葉が抽象的《ちゅうしょうてき》に受け止められて、「その内容《ないよう》はいかなるものであるのか」ということが、なおざりになってしまいがちです。

素朴《そぼく》に、率直《そっちょく》に、「愛って何だろう」と問いかけられたときに、どれほどの人が、的確《てきかく》で、かつ簡潔《かんけつ》な答えをすることができるでしょうか。「あなたが日ごろ言っている『愛』が大事なことはよく分かった。ところで、その愛とは、いったい何なのだね」と訊《き》かれたときに、適切《てきせつ》に答えられるでしょうか。

こういうときに、たとえば、「愛の発展段階説《はってんだんかいせつ》」（大川隆法著『太陽の法』〈幸福の科学出版刊〉参照）をいきなり話しはじめたところで、相手は、よく分からず、とまどう場合も多いでしょう。

そうなのです。お仕着《しき》せの言葉ではなく、もっと易《やさ》しく分かりやすい、自分自身の言葉で説明できなければなりません。それができなければ、まだまだ悟《さと》りが本物になっていないということです。

悟りが本物になっていることの証拠《しょうこ》は、分かりやすい、自分自身の言葉で説明できることとです。「難《むずか》しいことを易しい言葉で、易しい言葉をさらに易しい表現《ひょうげん》で説明し尽《つ》くし、相手の納得《なっとく》を得《え》ることができる」ということが、その人が悟りを得ていることの、一つの指標《しひょう》でもあるのです。

結局、身近《みぢか》な人をつかまえ、分かりやすい言葉で説明して、その人に「なるほど」と納得してもらえればよいのです。それが、あなたが悟りを得てきているという証左《しょうさ》なのです。

幸福の科学では、「与《あた》える愛」「愛の実践《じっせん》」という言葉が、あちこちで聞かれます。

そこで、「『愛って何だろう』ということについて、いろいろな考え方をしてみよう。愛をもっともっと深めてみよう。愛をもっともっと簡単《かんたん》に言い切ってみよう」と、私は提案《ていあん》したいのです。

2　人を生かす三要素《ようそ》

鉢植《はちう》えの花が見事《みごと》に咲《さ》いていくためには、どうしても必要なものがあります。一番目は水です。二番目は土です。土といっても、土そのものではなく、土に含《ふく》まれている養分です。そして、三番目は光です。

水と養分と光、この三者が一体になって初めて、鉢植えの花が立派《りっぱ》に咲くようになります。水をやらなければ、花は、やがて枯《か》れていくでしょう。養分を含んだ土がなければ、花は咲かないでしょう。また、暗闇《くらやみ》では花は咲きません。このように、花には、この三者がどうしても必要です。

それでは、「人間にとって水と養分と光に当たるものは、それぞれ何か」ということを考えてみましょう。

① 水に当たるもの――時間

水は人間の体の六十パーセントを占《し》めますが、植物の場合は、その割合《わりあい》は、さらに高いものになり、水が大部分を占めています。

人間にとって、この水に当たるものは何でしょうか。それは、日々の生活を送っていくための必需品《ひつじゅひん》、必要なものということになるでしょう。

では、人間が日々生きていくために不可欠《ふかけつ》のものとは何でしょうか。これについては、お金や食糧《しょくりょう》、住居《じゅうきょ》など、いろいろな答えがあり、見方があるでしょう。

そこで、私なりに一つの当てはめをしてみるならば、人間にとって水に相当するものは、実《じつ》は時間ではないかと思います。

時間は、透明《とうめい》で、その存在《そんざい》にさえ気がつかないようなものですから、水にとてもよく似《に》ています。しかし、時間があるからこそ、人間は活動ができます。一定の時間があってこそ、人間は活動ができ、その間《かん》に、精神的《せいしんてき》にも肉体的にも成長していくのです。

みなさんは、時計で計る時間のことを「時間」と考えていますが、仮《かり》に、人間を静止した存在だと考えてみると、「静止した存在である人間が、時間というものを投げ込《こ》まれて、生き生きと活動している」というようにも見えます。ちょうど、蒸気《じょうき》機関車のかまに石炭がくべられ、火が燃《も》えて列車が走るように、人間は、時間という名の石炭を入れられて活動しているようにも見えるわけです。

そして、この石炭は、万人《ばんにん》に対して共通に供給《きょうきゅう》されています。それゆえに、植物が等《ひと》しく潤《うるお》される水によく似ていると私は感じるのです。

② 養分に当たるもの――経済力《けいざいりょく》

次に、養分に当たるものは何でしょうか。人間にとって、すくすくと成長していくための養分とは、いったい何でしょうか。

もちろん、これを端的《たんてき》に食糧と考えてもよいでしょうが、それでは、食糧を得《え》るために、どうしても必要なものは何でしょうか。それは、現代的《げんだいてき》にはお金ということでしょう。お金は経済力《けいざいりょく》を表《あらわ》しています。経済力とは何かと考えると、その人が活動することによって生まれる価値《かち》が、「経済力」という言葉で表されているのであって、それを「仕事量」と言ってもよいでしょう。この仕事量のなかには、もちろん、仕事の質《しつ》も含まれています。「どのような仕事をなしたか」ということが、お金になり、食べ物や飲み物になって返ってくるのです。

そうすると、「人間が生きていくために必要な養分に当たるものは、経済力であり、経済力を形成しているものは、その人の仕事そのものである」という見解《けんかい》に行きつくわけです。

③ 光に当たるもの――愛

さらに、光に当たるものは何でしょうか。水分や養分は成長の条件《じょうけん》ですが、それだけでは、見事に成長して花を咲かせることはできません。光が当たることによって、植物たちは、気候《きこう》や時節《じせつ》を知り、自分の花の咲く時を知るのです。

何よりも、光が重要なのは、光が当たることによって、植物が、光合成《こうごうせい》、炭酸同化作用《たんさんどうかさよう》を経《へ》て、みずからのエネルギーをつくっていくところにあります。植物は、光が当たることによって、単に光そのものをエネルギーとするのではなく、光のエネルギーをみずからの内部で変換《へんかん》して、生きていく力に変えているのです。

人間にとって、この光に当たるものは何でしょうか。人間が社会のなかで生きていくときに、やはり、これに相当するものがあると思います。それが愛ではないかと思うのです。

生きていくための大きな力。それを励《はげ》ましとして、自分自身が内なるエネルギーをつくって前進していけるもの。それが愛ではないでしょうか。

人から温《あたた》かい言葉や励ましを受け、「期待されている」という実感を持つ。自分の存在が「ありがたい」と思われ、「よくぞ生きていてくれた」と言われて、そういう自分であると思う。そこから、積極的《せっきょくてき》に生きていく自信が生まれ、その自信が、さまざまな仕事を成《な》し遂《と》げていくのではないでしょうか。

もちろん、これ以外にも、当てはめ方はいろいろあるでしょう。しかし、現時《げんじ》点《てん》では、このたとえ話を一つのモデルとして、人間の生き方を考えてみたいと思うのです。

3　愛の働き

「水に当たるものとしての時間、養分に当たるものとしての経済力《けいざいりょく》、光に当たるものとしての愛、この三つのものが、人間を生かしていくために大事である」と述《の》べました。

このなかで、時間は、経済力と相《あい》まって、人間が何かを成《な》し遂《と》げていくために不可欠《ふかけつ》の要素《ようそ》となっていると考えてよいでしょう。人間は、経済力によって、生活の基盤《きばん》を築《きず》き、時間によって、自分なりに社会への還元《かんげん》をしていきます。経済力と時間によって、人間としての最低限《さいていげん》の生き方ができるのです。

しかし、この最低限の生き方は、愛という要素が加わることによって、さらに拡大《かくだい》され、大きく大きく展開《てんかい》していきます。愛は一つの触媒作用《しょくばいさよう》であり、「経済力と時間に、愛が落《お》とし卵《たまご》のようにポンと割《わ》られて落ち込《こ》んだときに、大きな歯車が回りはじめる」というように、私には思えるのです。

もちろん、愛には、人から与《あた》えられるものと、みずから与えていくものとがあります。

人から与えられた愛は、どのような役割《やくわり》をするかというと、自己《じこ》の内部で新《あら》たなエネルギーをつくり出していく力になります。

自己の内部から新たなエネルギーが湧《わ》き起こってきたときに、その人は、それを仕事という方向にあてていくでしょう。そして、その仕事を成し遂げていくために、時間を消費《しょうひ》するでしょう。また、金銭《きんせん》も消費するでしょう。その結果《けっか》、それ以上の価値《かち》を持つものを、おそらく生んでいくでしょう。

自分にいま与えられている金銭や時間を使って、それ以上のものを生産していったときに、そこに何が生《しょう》じるでしょうか。そこには、自分が活動を始める前よりも多くの社会的な富《とみ》が形成されてくるのです。

この富には財貨《ざいか》も入っていますが、それ以外に、もちろん、精神的《せいしんてき》な富も入っています。「その人が立派《りっぱ》な仕事をすることによって、それが、多くの人の心の糧《かて》となり、多くの人の心を潤《うるお》すものとなる」、そういう精神的な富もあります。

すなわち、「時間という石炭を投げ込み、経済力という石油を投げ込み、燃《も》やした結果、でき上がったものは、それ以上のものであった。その触媒になったものが、実《じつ》は愛だった」ということなのです。

4　愛の経済学《けいざいがく》

ところで、愛という触媒《しょくばい》によってでき上がったものは何かといえば、それは、愛がさらに蓄積《ちくせき》されて、肥大化《ひだいか》し、雪ダルマのように大きくなったものです。

なぜなら、富《とみ》というものは社会的に有用なものだからです。「みずからの活動によって、社会的に有用なものを生み出した」ということです。

その有用なものは、自分一人で使い果《は》たしてしまうには、あまりにも多すぎるため、結局、他《た》の人のところに回っていくようになります。

それでは、精神的《せいしんてき》な富や財貨《ざいか》として他の人のところに回っていったものは、他の人に対して、どのような働きをするでしょうか。

それは、他の人にとって、突如《とつじょ》として流れ込《こ》んでくるものです。突如、自分を勇気づけ、自分に自信をつけさせるものです。それもまた愛であるはずです。

人から与《あた》えられた愛によって、みずから勇気を奮《ふる》い起こし、自信を持って活動した結果《けっか》、その愛は、さらに大きなものとなって、他の人のところへ流れていくのです。

そして、他の人のところへ流れていった愛は、どうなるかといえば、感謝《かんしゃ》を生むはずです。感謝は、その人の、さらに大きな仕事につながっていくはずです。その仕事は、さらに大きな富を生んでいきます。その富は、周りに満遍《まんべん》なく行き渡《わた》り、最初にその富の糸口をつくった人のところにも回っていきます。

こうして、循環《じゅんかん》の経済学《けいざいがく》が始まるのです。愛から出発したものが、巡《めぐ》り巡って、次から次へと大きなものになっていきます。これは、まさしく、経済の発展《はってん》とよく似《に》た面があります。

日本はＧＤＰ（国内総生産《そうせいさん》）が非常《ひじょう》に大きく、何百兆円という巨大《きょだい》な経済的数字が動きます。

経済が静止した状態《じょうたい》では、すなわち、各人が、みずからのお金、みずからの財《ざい》物《ぶつ》を持っているだけであれば、数字はまったく動きません。しかし、人々のあいだに、経済的交換《こうかん》、売買《ばいばい》が起き、次から次へと、いろいろな商売が起きて、雪ダルマ式に広がっていくと、経済が活況《かっきょう》を呈《てい》するようになります。

こうした経済学は、愛の経済学にも当てはまります。愛の経済学においても、〝ＧＤＰ〟が増《ふ》えることによって、愛の所得《しょとく》が増え、各人の収入《しゅうにゅう》が増えていくのです。その結果、それを使うこともできれば、貯金をすることもできます。消費《しょうひ》と貯蓄《ちょちく》、この両者が増えていくのです。

こうしてみると、愛のＧＤＰを増やしていくことが、大きな大きな意味を持つことが分かるでしょう。

それは、自分自身にとっては、愛の貯蓄を増やすことにもなって、それが、危機《きき》の際《さい》に自分を守ることにもなるし、不動心《ふどうしん》の根拠《こんきょ》にもなります。また、愛の収入が多いからこそ、使える幅《はば》も増え、多く使うことによって、他の人々の〝経済的活況〟を支《ささ》えていくこともできます。

このようにして、好循環《こうじゅんかん》、善《ぜん》の循環が始まるわけです。

5　愛の近代化

みなさんは、「愛というものは、人間と人間とを結《むす》びつけている対価《たいか》でもある。そういう経済的《けいざいてき》な指標《しひょう》としての金銭《きんせん》にもよく似《に》たものである」ということを知らなくてはなりません。

金銭は、じっと持っていても増《ふ》えるものではありません。一万円札《さつ》を金庫にしまっておけば、それは、いつまでたっても一万円のままです。しかし、それを使うことによって、その一万円は、どんどん増えていきます。

あなたが、一万円を使って、たとえば一冊《いっさつ》千円の本を十冊買うとします。そうすると、その十冊の本を使って勉強することができます。勉強したことでもって、人を教えることもできれば、自分自身の心を磨《みが》くこともできます。また、それを将来《しょうらい》への投資《とうし》に使い、将来、研究したいことや、将来、自分の仕事で使うことの勉強をすることもできます。そのとき、一万円は、さらに大きなものになって返ってくるでしょう。

一方、あなたが使ったその一万円は、書店にとっては収入《しゅうにゅう》になります。その一万円を使って、彼《かれ》らは生活をすることもできますし、仕入れ先にお金を払《はら》うこともできます。彼らは、その利益《りえき》でいろいろな支出《ししゅつ》をし、その支出が、また次の支出を生んでいきます。彼らが仕入れ先に払ったお金によって、仕入れ先もまた生活をしていけるようになります。

こうして、一万円というものが活動を開始すると、一万円という価値《かち》が二倍にも三倍にも五倍にも十倍にもなっていきます。たとえば、一万円が一カ月に一人の割合《わりあい》で人々のあいだを巡《めぐ》っていけば、一年間で十二人のあいだを巡ることになります。その結果《けっか》、一万円は十二万円分の仕事をすることになるのです。

これが経済の世界です。これとまったく同じことが、人間の心の世界でも言えるのです。

愛という名の一万円札を金庫にしまっておけば、それは一万円以上のものになることはありません。

ところが、その愛という名の一万円札を、他《た》の人に差し出して使うと、一つの経済が起きて、人と人とのあいだを一万円が循環《じゅんかん》しはじめます。やがて、その一万円は一万円以上の仕事をしはじめ、十万円、百万円の値打《ねう》ちを生むようになるのです。

これを聞いて、「ばかばかしい話だ。お金の総額《そうがく》は増えず、お金が単に移動《いどう》しているだけなのに、それで豊《ゆた》かになることなんて、あるはずがないではないか」と言う人もいるでしょう。

しかし、私は次のことを言いたいのです。

いまから何万年も前、日本がまだ石器《せっき》時代だったころにも、日本の国土は現在《げんざい》と同じぐらいの広さでした。その時代に日本に住んでいた人の数は、現在よりは少なかったでしょう。たとえば、百万人しか住んでいなかったとすれば、日本の人口は、いま、一億人を超《こ》えているので、一人が所有できる土地は、現在の百倍以上だったことになります。

いま、日本人が一人でそれだけの広さの土地を所有できたならば、大金持ちになった気がするでしょうが、何万年も前の人たちは、大金持ちだったのかというと、そうではありません。百倍の土地を所有していても、彼らは大金持ちではなかったのです。

彼らがしていたことは物々交換《ぶつぶつこうかん》です。「物と物を交換する」、たとえば「魚と米を交換する」という程度《ていど》のことをしていて、経済が進展《しんてん》しませんでした。

その同じ日本が、現在のような繁栄《はんえい》を味わっているのは、すでに述《の》べたような経済学が働いているからです。土地の広さは同じですが、人口は増えました。そのなかで、人々の活動が活発になるにつれて、目に見えぬ富《とみ》が蓄積《ちくせき》され、それが大きな力を生むようになってきたのです。

愛の経済学についても、まったく同じことが言えます。

みなさんは、まだ愛の原始生活をしているのかもしれません。すなわち、各人が、自分の釣《つ》ってきた魚を食べ、自分が狩猟《しゅりょう》をして獲《と》ってきた鹿《しか》の肉を食べ、自分が収穫《しゅうかく》した米を食べているだけの生活をしているようなものなのではないでしょうか。

愛の世界においては、みなさんは、まだまだ原始的な生活を営《いとな》んでいるのであり、早く、近代化された社会にしなくてはならないのです。

そのためには、みずからの持っている愛をどんどん交換していき、大きなものにしていかなくてはなりません。愛という名の一万円を金庫から出して、それを循環させていくことです。愛そのものを働かせなければならないのです。

これが実は愛の経済学であり、これから、ますます多くの人の心を富《と》ますためには、「与《あた》える愛」が大事なのです。

愛が、自分の独《ひと》り占《じ》め、占有《せんゆう》から離脱《りだつ》し、人々のあいだを回っていかないかぎり、愛に関する大きな経済が起きてくることはなく、人々は、愛の原始生活を余儀《よぎ》なくされます。「自分が収穫したものだけを、きょうも食べ、あすも食べる」という生活、「自分が確保《かくほ》した愛だけを、みみっちく分け合う」という生活になるのです。

ゆえに、これから、みなさんは、愛の世界において、あるいは、心の世界において、近代的、現代的《げんだいてき》な社会を築《きず》いていかなくてはなりません。大いなる愛の経済学を起こしていかなくてはなりません。

愛の経済学を起こすために、みずからが持っている、なけなしの愛を、まず投げ出していくことです。それを与えることです。そして、愛そのものが仕事をしていくことを見届《みとど》けることが大事です。

6　愛の繁栄《はんえい》

それでは、その愛の表れ方は、どのようなものでしょうか。

簡単《かんたん》に述《の》べるならば、それは、優《やさ》しい心です。他人に対するいたわりです。他人に対するねぎらいです。相手の立場に立って考える心です。そう、「すべての人が、よかれ」と思う心なのです。

愛は、自我《じが》に根ざしてはいません。愛は、自分というものを離《はな》れて、自分の周りにあるものを生かしていこうとする力です。

太陽は、無所得《むしょとく》のまま、植物や動物に光を与《あた》え、彼《かれ》らを育《はぐく》んでいます。愛は、ちょうど、あの太陽の光のようなものです。

そうです。「愛とは何か」ということが分からなければ、「愛とは光のようなものだ」と思ってください。よきものを、温度を、熱を、光を与えつづけること、それが愛なのです。

愛とは、他《た》の人にとって役に立つものを提供《ていきょう》することです。他の人の魂《たましい》が成長する糧《かて》を与えることです。他の人が勇気を持てるようなことを言うことです。他の人が自信を持てるようにしてあげることです。

弱き者を単に慰《なぐさ》めるだけではなく、弱き者が成長し、独《ひと》り立《だ》ちしていけるように支《ささ》えることです。強き者がますます徳高《とくたか》くなり、弱き者をも育んでいけるようにしていくことです。すべてのものを成長させていくこと、それが愛なのです。

愛について、いろいろなことを述べてきました。しかし、結論《けつろん》は一つです。実《じっ》践《せん》があって初めて、愛は生き生きとしたものになってくるのです。

まず、愛を実践してみようではありませんか。
勇気を持って愛を実践したときに、大きな繁栄《はんえい》が、愛の繁栄が起きてきます。
愛に満ち満ちた国が、社会が、世界ができてきます。
私はそれを確信《かくしん》しています。必ずや、そのようになることでしょう。

第7章

愛の生涯《しょうがい》

1　愛と情熱《じょうねつ》

「人よ、愛ある時を生きよ」と、
われは、常々《つねづね》、説《と》きつづけてきたものである。

あなたがたは、愛のうちに生きなければならない。
あなたがたは、愛と共に生きなければならない。
あなたがたは、
愛のなかに光を見、
愛のなかに希望を見、
愛のなかに夢《ゆめ》を見、

愛のなかに駆《か》け抜《ぬ》け、
愛のなかに、人生の旅路《たびじ》を終えるときを迎《むか》え、
そして、愛のなかに死ぬ。
それが、あなたがた人間の人生ではないだろうか。

そう、愛ということを、
一つの花の如《ごと》く、私はたとえてもみたい。
その花は、情熱《じょうねつ》だ。
その花は、勇気だ。
その花は、絢爛《けんらん》である。
その花は、たとえようもなく香《かぐわ》しい匂《にお》いをたたえている。

あなたがたは、
人生を一輪《いちりん》の花として見立ててみる勇気を、
持ち合わせていないだろうか。
人生を一輪の花として見立てた場合に、
さて、いかなる花が、あなたの人生にふさわしいであろうか。
心して、みずからの人生を語れ。
心して、みずからの人生を光らせよ。
心して、みずからの人生を香《かぐわ》しきものとせよ。
あなたがたの人生を、愛の生涯《しょうがい》とせよ。
愛の生涯は、素晴《すば》らしき生涯である。
みずからの人生を、愛に満ちたものとせよ。
それはそれは素晴らしきものとなるであろう。

愛に満てる生涯、それは情熱に裏打《うらう》ちされている。
情熱とは、いったい何であるか。
情熱とは、
この世のなかに光を見いだしてゆく行為《こうい》であるのだ。
この世のなかに希望を見いだしてゆく行為であるのだ。
情熱とは、
一人の可憐《かれん》な少女のなかに、
たぐいまれなる理想を発見し、
一人のたくましい青年のなかに、
人類の未来《みらい》を見ることをいうのだ。
情熱とは、

人の善性《ぜんせい》に限《かぎ》りない期待をかけることをいうのだ。
情熱とは、
仏《ほとけ》が、その心を、
この地上に、いつの時代も表《あらわ》されているということを、
信じることでもあるのだ。
そうだ、情熱こそ素晴らしい。
情熱は、人間が生きていく上で、
どうしても不可欠《ふかけつ》のものであるのだ。

「愛は情熱に裏打ちされている」、
そう私は語った。
あなたがたの多くに問いたい、

情熱ある人生を生きているかを。
あなたがたのなかに、いかほどの情熱があるかを。
「かつてあった」と言う人もあるであろう。
いま、みずからが情熱なき生き方をしていることを、
みずからの年齢《ねんれい》のせいにする人もあるであろう。
「生活に疲《つか》れた」と言う人もあるであろう。
「そんな〝昔話《むかしばなし》〟を、いまさら私に問いかけないでくれ」と
言う人もあるであろう。
「人生の黄昏《たそがれ》が迫《せま》ってきたそのときに、
情熱の話など、もはや聞きたくない」と、
顔を背《そむ》けてしまう人もあるであろう。
しかし、私は言うのだ。

情熱とは若《わか》さに伴《ともな》うものであるが、
若さとは年齢だけのことではない。
情熱を追いかけるかぎり、
情熱を追いつづけるかぎり、
若さがあなたのなかから過《す》ぎ去ってゆくことはない。
若さの輝《かがや》きが、あなたの額《ひたい》から、その光を失《うしな》うことはない。
若さの王冠《おうかん》が、あなたの頭上《ずじょう》から消えることはないのだ。

ゆえに、あなたがた一人ひとりに言おう。
情熱を大切にせよ。
情熱を大切にせよ。
情熱とは、

まだまだ未知《みち》なるものがあるということを信ずることなのだ。
情熱とは、
未知なるもののなかに理想を見いだそうとする努力なのだ。

2　新《あら》たな発見

あなたがたは、人生に新《あら》たな発見を持っているか。
新たな発見を続けることができるか。
きのう、あなたは、いったい何を発見したか。
きょう、あなたは、いったい何を発見したか。
朝、目を覚《さ》ましてより、何を発見したか。
昼に、夕べに、そして夜の一時《ひととき》に、

あなたは何を発見したであろうか。
いつのまにか、陽《ひ》の暖《あたた》かさを忘《わす》れ、
いつのまにか、風のさわやかさを忘れ、
いつのまにか、人の言葉の、その素晴《すば》らしい響《ひび》きを忘れ、
いつのまにか、花の香《かお》りの、馥郁《ふくいく》とした、その感じを忘れ、
いつのまにか、春の到来《とうらい》の、あの喜びを忘れ、
いつのまにか、夏に向かうときの、あの胸《むね》のときめきを忘れている。
そう、それが老《お》いさらばえてゆく人間の姿《すがた》であるのだ。

心のなかに花を咲《さ》かせよ。
心のなかに情熱《じょうねつ》の目を見開け。

あなたがたは、日々、発見のなかに生きなくてはならない。
日々、素晴らしい人々を見つけてゆかねばならない。
きょう出会った人のなかに、
どれだけの美を見つけることができただろうか。
人々の心のなかの美を、そして外面の美を、
どれだけ見つけることができただろうか。
たとえ、その生まれが、いかに卑《いや》しいものであっても、
たとえ、その外見が、いかに醜《みにく》く見えるものであっても、
その者のほほえむとき、
口元からは白い歯がのぞき、
かすかな笑顔《えがお》が、全世界に向かって解《と》き放《はな》たれるのだ。
その笑顔の素晴らしさを、

あなたは素直《すなお》に認《みと》めてやったことがあるだろうか。

もう一つ言うならば、
若《わか》き者だけではなく、
老いてゆく者へ、去ってゆく者への慈《いつく》しみを
持ったことがあるだろうか。
年寄《としよ》りの顔に皺《しわ》のみを見、
そこに苦渋《くじゅう》のみを見るのは、
正当な見方ではあるまい。
その皺のなかに年輪《ねんりん》を見、
その顔のなかに経験《けいけん》の輝《かがや》きを見、
その額《ひたい》に叡智《えいち》の光を見いだすことこそ、

真《しん》に優《すぐ》れたる道ではないであろうか。
すべての人の持っている輝きを見いだしてゆく情熱は、
どうしてもどうしても忘れてはならない。

さて、それにも増《ま》して言っておかねばならないことがある。
それが何であるかといえば、
まさに、あなた自身の人生についてなのだ。
「あなた自身の人生が、いかほどのものであるか」ということなのだ。
さあ、あなた自身は、どういう人であるのか。
いかに生きてき、いかに生きてゆこうとしているのか。
それを情熱的に語ることができるだろうか。
自分というものを、情熱を込《こ》めて語ることができるだろうか。

この私の問いかけに、「はい」と答えられる人が、
いったい、どれだけいるであろうか。
自分の人生に希望を持って、
熱《ねっ》っぽく、人々に、その生きがいを語ることができるだろうか。
もし、「そうでない」と言うならば、
あなたの幸福は、満月のようなものではありえない。
あなたの幸福は、まだ三日月《みかづき》のようなものであろう。
その先に角《かど》がある。
その先にとがったものがある。
その大部分が、まだ隠《かく》されていると言わざるをえない。

忘れるな、忘れるな、

みずからの人生を情熱的に説《と》くことができることの素晴らしさを。
忘れるな、忘れるな、
「みずからが、いかに人生を駆《か》け抜《ぬ》けてゆくか」ということの、その美を。
忘れてはならない。
決して忘れてはならない。
自分自身に言い聞かせよ、
「いかほど素晴らしい生《せい》を、いま自分が生きているか」ということを。

あなたがたは決して動物ではないのだ。
あなたがたのなかには偉大《いだい》なるものが光っているのだ。
その偉大なるものを見失《みうしな》ってはならない。
決して見失ってはならない。

あなたがたは、そのなかに、
仏《ほとけ》より点じられた聖火《せいか》の、その火がともっているということを、
忘れてはならない。
この火を大切にせよ。
たとえ、マラソンを走ったとて、
この火が燃《も》え尽《つ》きるものではあるまい。
その火を、その松明《たいまつ》を高く掲《かか》げて、
しかして、丸一日を走り抜け。
しかして、一生涯《いっしょうがい》を走り抜け。
そこに、美しき生涯が展開《てんかい》するであろう。

3　隠《かく》されたる神秘《しんぴ》

私はあなたがたに言っておきたい。
あなたがたの多くは、まだまだ盲目《もうもく》である。
あなたがたの多くは、まだまだ、
この世のなかに隠《かく》されたる神秘《しんぴ》と、その美に目覚《めざ》めていない。
あなたがたの多くは、どうしても、
自分の身の回りにしか目が行かない。
そして、多くのものを見過《みす》ごしているのだ。

大地を歩くときに、その大地を見つめてみよ。

その大地をつくるために、
いかほどの歴史が刻《きざ》まれているかを、
その大地のなかで、
どれだけ多くの生命《せいめい》がうごめいているかを、
見つめてみよ。
大地のなしている、大いなる仕事の数々を、
あなたがたは思い起こさねばならない。

そうして、あなたがた一人ひとりが、
この大地の上に、小さな家を建てて住んでいる。
そこに大きなメルヘンがある。
はるかなる上空《じょうくう》から眺《なが》めてもみよ。

見渡《みわた》す限《かぎ》りの大地に、
一つひとつの夢《ゆめ》を託《たく》して、小さな小さな家が立ち並《なら》んでいる。
はるかなる上空から眺めてみるならば、
そこに住んでいる人たちの姿《すがた》は、どのように映《うつ》るであろうか。
そのなかに、一つの夢がある。
そのなかに、一つの生涯《しょうがい》がある。
そのなかに、家族の営《いとな》みがある。
そこに、ほほえみがあり、そこに、幸せがある。
それを、あなたがたは想像《そうぞう》することができるだろうか。
一つひとつの小さな家のなかに、
素晴《すば》らしい語らいがある。
素晴らしい歴史がある。

素晴らしい物語がある。
愛し合った男女が一つになり、
子供《こども》が生まれ、その子供が育ち、家族が大きくなり、
また、新《あら》たなる者が、老《お》いたる者に取って代わり、
そして、時代が進行してゆく。
しかし、すべてのものは、前進、前進、前進あるのみであって、
決して後退《こうたい》することはない。
あたかも川を流れ下《くだ》ってゆく小舟《おぶね》のように、
すべてのものは、先へ先へと進んでいって、少しも退《しりぞ》くことはない。
その家族の歴史を見てみるときに、
ああ、この大地に、
いかほどの幸福が生まれていることよ。

いかほどの愛が生まれていることよ。
それは、素晴らしいことではないだろうか。

そうして、目をさらに遠くに転じてみるならば、
大海原《おおうなばら》には船が浮《う》かんでいる。
人類のロマンよ。
いかほどの昔《むかし》に、人類は、
船をつくって海に浮かべることを考えたのだろうか。
いかばかりの昔に、
船に乗りて大洋を航海《こうかい》せんと決意したのだろうか。
そこに夢がある。
そこにロマンがある。

船に乗りて世界の果《は》てを見んとした男たちの、
数限《かずかぎ》りない歴史がある。

そして、その船の下に、
数多くの生き物たちが生きている。
数万種の魚が、海草が、貝が、
さまざまな生命が生きている。
あなたがたは、海に興味《きょうみ》を持ったことがあるだろうか。
そこにもまた仏《ほとけ》の創造《そうぞう》が隠されているということに、
気がついたことがあるだろうか。
さて、陸上にのみ生きて、海に興味を持たなかったとするならば、
あなたは、生涯のなかで、

何か大切なものを忘《わす》れていたのではないだろうか。
共に同時代を生きている生命たちのことを、
忘れていたのではないだろうか。

また、空を見上げよ。
空のなかでも、数多くの生き物たちが養《やしな》われている。
鳥たちを見よ。
彼《かれ》らが飢《う》えたということを聞いたことがない。
彼らは、木から木へと、さえずりながら渡《わた》り、
どこからともなく飛んできて、
どこへともなく飛び去ってゆくものだ。
数多くの鳥たちよ、

あなたがたは、いったい何羽《なんわ》いるのだろうか。
百万でも、きかないだろう。
億だろうか。
いや、それ以上の数がいるに違《ちが》いない。
それだけ多くの鳥たちが、
飢えることもなく、
冬を越《こ》し、夏を過《す》ごして生きていけることの素晴らしさよ。
それぞれの鳥たちが、
それぞれの巣《す》づくりをし、
それぞれのひなをかえして、
そして生きつづけていくことの素晴らしさよ。

彼らには、何らの保障《ほしょう》もない。
彼らには、人間とは違って、
病気のときに助けてくれる者もない。
また、年を取ってからの社会の福祉《ふくし》も何もない。
彼らには、何もない。
彼らには、経済《けいざい》もないであろう。
彼らには、政治《せいじ》もないであろう。
彼らには、軍事《ぐんじ》もないであろう。
彼らには、人間社会にあるところの文化すらないであろう。
しかし、彼らは、
飢えることなく、
千年前も、万年前も、そして現在《げんざい》も、一筋《ひとすじ》に生きている。

「この大空《おおぞら》を自分のものにする」という自由のために。
その自由をみずからの手に入れんとするがために。
その自由を決して放《はな》さぬために。
彼らは、紡《つむ》がない。
彼らは、人間の如《ごと》く仕事に従事《じゅうじ》することもない。
彼らは、その自由を手に入れることのみを、
数千年、数万年のあいだ、待ちつづけてきたのだ。

はるかなる下で人間たちが大地を歩いている姿を見下ろしながら、
彼らが、いかに精神《せいしん》の高貴《こうき》さを保《たも》っているかを、
あなたがたは知っているだろうか。
その自由に比《くら》べれば、

人間の自由などは、
はるかにはるかに劣《おと》ったもののように見えるであろう。
人間の生活さえも、劣ったものに見えるであろう。
人間たちは、大空を飛ぶのに、
あんな大きな金属《きんぞく》の鳥をつくらねばならない。
お金を払《はら》い、荷物《にもつ》を運び、座席《ざせき》に座《すわ》り、
そして飛んでゆかねばならない。
しかし、鳥たちを見よ。
彼らは自由自在《じゆうじざい》だ。
枝《えだ》から枝へ、大空へ、海原を越《こ》えて、そして次なる国へ、
自由自在に飛んでゆく。

この素晴らしさよ。
太古《たいこ》からある、この素晴らしさよ。
「仏は、すべての生命を平等《びょうどう》に愛して、
それぞれのものに素晴らしきものを授《さず》けたのである」ということを、
あなたがたは知っているだろうか。

4　高貴《こうき》なる一時《ひととき》

また、あなたがたは、
朝の静寂《せいじゃく》の素晴《すば》らしさを忘《わす》れてはいまいか。
夜が明けるときの、あの素晴らしさを忘れてはいまいか。
暗闇《くらやみ》のなかから、

東に太陽が昇《のぼ》りきたって、次第《しだい》しだいに地平から照《て》らす、
あの情景《じょうけい》を見ることがなくなって久《ひさ》しいのではないだろうか。
幼《おさな》いときに見た記憶《きおく》はあるであろう。
しかし、成人してよりのち、
そうした情景を見ることもなく過《す》ごしているのではないか。

新《あら》たな発見をしたいと思うのであるならば、
さあ、一度、目を覚《さ》ませ、
朝の静寂のうちに。
朝日が当たる前に目を覚ませ。
きょうの一日が始まる、その瞬間《しゅんかん》を眺《なが》めてみよ。
庭に出《い》でよ。

道路に出でよ。
公園に出でよ。
田畑に出でよ。
そこに、生命《せいめい》たちが目を覚ましてゆく姿《すがた》が見えるであろう。
そこに、田園《でんえん》の交響楽《こうきょうがく》を感じることがあるであろう。
そこに、
あなたがたが創《つく》られたことの意味と、
あなたがたの生命の意味とを、
見いだすことができるであろう。
それは、忘れて久しかったものであるのだ。
そうして、あなたがたは、一日、汗《あせ》を流して働きなさい。

一日、汗を流して働き、充実感《じゅうじつかん》を味わいなさい。
あの充実感を忘れて、また久しいのではないだろうか。
都市のストレスのなかに、
みずからの充実感を失《うしな》って久しいのではないだろうか。
そう、あなたがたは、あの充実感を忘れてはならない。
額《ひたい》に汗し、そして夕べを迎《むか》える一時《ひととき》の、
あのうれしさを忘れてはならない。
高貴《こうき》なる職業《しょくぎょう》にみずからを就《つ》けよ。
もし高貴なる職業がないとするならば、
みずからの仕事のなかに、
高貴なるものを見いだしてゆけ。
聖《せい》なるものを見いだしてゆけ。

聖なる汗を流せ。
そして、夕べの満足感を取り戻《もど》せ。
それは素晴らしいものであったのだ。

その夕べの満足感のうちに、家路《いえじ》に就き、
素晴らしき団欒《だんらん》を持て。
それもまた、最高の幸福であるはずなのだ。
あなたが充実した時間を過ごすときに、
家族はまた、それをいち早く察知《さっち》することであろう。
あなたの喜びの表情《ひょうじょう》を見ることであろう。
あなたの、きょうの成果《せいか》を聞いては、
共に喜んでくれることであろう。

その妻《つま》の笑顔《えがお》を見たときに、
あなたの一日の疲《つか》れは、必ずや癒《い》やされるに違《ちが》いあるまい。

語らいのうちに夕食を終え、家族の団欒を過ごしたのちに、
さあ、一時《ひととき》を取れ。
その一時を、高貴なるもののために。
その一時を、たぐいまれなる叡智《えいち》の書物《しょもつ》を読むために。
その一時を、魂《たましい》を揺《ゆ》さぶる詩を読むために。
その一時を、偉大《いだい》なる人の人生を知るために。
その時を持て。
その魂の時を持て。
素晴らしい一時を持て。

そして、安らかな眠《ねむ》りに入ってゆくのだ。
あすには、また素晴らしい夜明けが待っている。
大宇宙《だいうちゅう》と一体となり、天地創造《そうぞう》の時を知る、
その朝が、また訪《おとず》れてくるのだ。
そのときの目覚《めざ》めが素晴らしいものであることを祈《いの》って、
深い深い眠りに就いてゆくのだ。

5　愛の生涯《しょうがい》

このように、
人生というものを、素晴《すば》らしい発見の連続と捉《とら》えていくときに、

充実感《じゅうじつかん》があり、世の中がすべて光って見えるようになったときに、
あなたがたの人生は、
あなたがたの生涯《しょうがい》は、
まったく素晴らしい一幅《いっぷく》の絵ともなるであろう。
そういう一幅の絵ともなるべき生涯を送っているということが、
すなわち、また愛の生涯を送っているということでもあるのだ。

そう、この時代に、そのような素晴らしい生涯を生きている人が、
どれほど少ないことであるか。

あなたがたの多くは、
ミレーの「晩鐘《ばんしょう》」という絵を見たことがあるであろう。
あの黄金色《おうごんいろ》の夕日のなかで働く人たちの幸福感を、

感じ取ることができたであろう。
そのように、一幅の絵ともなるべき愛の生涯を、
あなたがたは送らねばならないのだ。
そうした絵が、数多く、
この人類という名の美術館《びじゅつかん》に掛《か》かってゆくことこそが、
素晴らしいことであるのだ。
みずからの人生を美しきものとせよ。
みずからの人生を素晴らしき名画とせよ。
それもまた愛である。
世の中に、「生きていてよかった」と言えるような生涯を、
数多く、つくり出すことだ。
世界に数十億の人が住んでいても、

数十億人が、まったく同じ絵を描《か》くことはない。
彼《かれ》らの人生の絵柄《えがら》は一人ひとり違《ちが》う。
しかし、大事なことは、
数多くの絵が描かれるということではないのだ。
そのなかに、素晴らしい名作が描かれてゆくということなのだ。
あなたがたは、勇気を持って、
絵筆《えふで》で、キャンバスに、みずからの人生を描き込《こ》んでゆきなさい。
「この時代に、こういう人生がありえた」ということを、
描き込んでゆきなさい。
美しいままに生涯を閉《と》じてゆくことを、希望としなさい。
そして、愛の生涯を、人生の理想としなさい。

第8章

家庭とユートピア

1　家族の関係

本章では、家庭の問題、家族の関係の問題に取り組んでみましょう。

家庭には一種の道徳《どうとく》があって、「かくあるべし」という規範《きはん》が存在《そんざい》します。現《げん》代《だい》では、「それは、もう古くさい」と言う人もいますが、家庭には、「父、母、子、孫《まご》」と、長幼《ちょうよう》の順があり、また、男女の別があって、家庭は、年齢《ねんれい》が上の者と下の者、男と女、この役割《やくわり》の違《ちが》いを教える原型《げんけい》、モデルでもあります。「子供《こども》は、ゼロ歳《さい》から十八歳、あるいは二十歳を過《す》ぎるまで、家庭にいて、社会のモデルを学ぶ」というようになっているのです。

子供が家庭で最初に見るものは、父と母という二つの性《せい》が、お互《たが》いに役割を分《ぶん》担《たん》している姿《すがた》です。父と母という男女の組み合わせと、その役割分担を見ながら、

「男女の関係は、かくの如《ごと》くあるべし」ということを、子供は学ぶことになります。

また、きょうだいのあいだでは、「長男、次男、三男」、あるいは、「長女、次女」といった順を教えられます。そして、「年上の者は責任《せきにん》が重く、年下の者の面倒《めんどう》を見なければならない」ということを教えられます。

これが、実社会に出てから、先輩《せんぱい》・後輩《こうはい》の区別になり、「上に立つ者が下の者の面倒を見なければならない」ということにつながるのです。

このように、家庭は実社会の縮図《しゅくず》であり、一種のモデルです。

それゆえに、家庭のなかで人間関係がうまくいくことは、円満な人格者《じんかくしゃ》が実社会に輩出《はいしゅつ》するために、どうしても必要なことなのです。もし、家族関係のなかで、いびつなものがあれば、そのなかで育《はぐく》まれる魂《たましい》は、必ずや、何らかのいびつな側面《そくめん》を持つに至《いた》るでしょう。

２　両親の影響力《えいきょうりょく》

子供《こども》が成長していく際《さい》に最も大切なのは、父母が調和していること、父と母が、お互《たが》いに愛し合い、尊敬《そんけい》し合っていることです。

そういう両親を見て育った子供は、理想の夫婦《ふうふ》のあり方を胸《むね》に刻《きざ》み、自分が成長してからのち、その手本に従《したが》った家庭づくりをしていこうとします。それほど、両親の影響力《えいきょうりょく》というものは大きいのです。

そのため、子供が社会に巣立《すだ》ったとき、まともな家庭生活を営《いとな》めないような傾向性《けいこうせい》が出てきたならば、おそらくは、その両親に問題があったと考えられます。

さらに、きょうだいの関係も大事です。

子供は、「親の愛が、きょうだいのなかで、どのように分配《ぶんぱい》されるか」ということを常《つね》に見ています。きょうだいのなかでも、親から特別《とくべつ》に愛される者と、それほど愛を受けられない者とが出てきます。ここで、やがて実社会で味わうであろうことと似《に》た問題を経験《けいけん》します。

すなわち、「ある振《ふ》る舞《ま》い方をすると両親に愛されるが、別の振る舞い方をすると愛されない。そして、両親に気に入られた者は、末長《すえなが》く、その恩恵《おんけい》に浴《よく》することができるが、両親から嫌《きら》われた者は、何かにつけて文句《もんく》を言われる」という経験をするのです。

これによって、実《じつ》は、実社会に出てからの、「上役《うわやく》、上司《じょうし》に目をかけられる者と、そうでない者の差」というものを、子供時代に学習することになるわけです。

それでは、両親は、どのような子供を好ましいと思うのでしょうか。

素直《すなお》で従順《じゅうじゅん》な子供ならば、親が気に入ることは、十中八九《じっちゅうはっく》、間違《まちが》いないと言えます。

一方、「親の言いつけを守らない」「親の言うことをきかない」「言動《げんどう》が粗暴《そぼう》である」という子供には、しだいに、親も手を焼き、「この子は親に似ぬ子だ」と言いはじめます。すなわち、反抗的《はんこうてき》で、素直でない子供が、親の愛をあまり受けられなくなるのです。

ところが、こういう反抗的な子供は、不思議《ふしぎ》なことに、自分の要求を上手《じょうず》に表《ひょう》現《げん》することができないのです。ほんとうは、もっともっと親から愛してほしいのに、その気持ちを上手に表現することができなくて、ますます悪い子になったりする場合があります。

つまり、「いろいろないたずらをして、親に手を焼かせる」というかたちで、「親の愛を受けよう。親の注意を引こう。親に目をかけてもらおう」とする傾向が出てくるのです。

そこに、世の中で見られる一つのパターンがあるわけです。世の中には、「奪《うば》う愛」に傾《かたむ》いている人が数多くいますが、奪う愛の原型《げんけい》は、子供時代のこういう反抗期にかなり近いところにあると思います。

「逆《ぎゃく》のことをすることによって、注意を引こうとする。もっと悪い子になることによって、親の愛を奪おうとする」、こういう、ひねくれた性格《せいかく》、ストレートに自分の愛を表現できない性格が、奪う愛を呼《よ》び込《こ》むようになってきます。

その根本《こんぽん》にあるものは、自分よりも愛されているきょうだいへの嫉妬《しっと》だと言えるのではないでしょうか。

したがって、親がいちばん注意しなくてはならないことは、公平な愛の実現《じつげん》でしょう。愛の配分《はいぶん》において公平を期することが大事なのです。

3　家庭の役割《やくわり》

親の心からいっても、「頭のよい子や器量《きりょう》のよい子、よく言うことをきく子、よく気のつく子はかわいいが、その逆《ぎゃく》の子は、そうではない」という傾向《けいこう》があります。

そこで、私は提案《ていあん》したいのですが、「家庭も非常《ひじょう》に大事な仕事の場である」と思っていただきたいのです。

人間には、本来、二種類の仕事があるのです。一つは、「家庭の外で働く」というかたちでの仕事、もう一つは、家庭生活のなかでの仕事です。この二つは、どちらも聖《せい》なる仕事なのです。

ところが、「外なる仕事は仕事であるが、内なる仕事は仕事ではない」と考える人があまりにも多いのです。彼《かれ》らは家のなかのことを軽視《けいし》します。一夜《いちや》の宿りか何かのように考えて、家庭を粗末《そまつ》にします。しかし、そのツケは、やがて社会全体に回ってくるのです。

いま、アメリカという国は病《や》んできています。その原因《げんいん》として、「アメリカの家庭の多くが崩壊《ほうかい》している」という事実が挙《あ》げられるでしょう。現在《げんざい》のアメリカでは、夫婦《ふうふ》の半分は離婚《りこん》をします。その結果《けっか》、多くの子供《こども》たちが、片親《かたおや》によって育てられたり、自分の実《じつ》の父や母ではない人に育てられたりしなくてはならず、異母《いぼ》きょうだいや父親の異《こと》なるきょうだいと共に育つ場合もあります。

そういう子供たちが大人《おとな》になると、彼らは、「自分は十分にかわいがられなかった」という思いを持ち、その思いが、さらなる家庭の荒廃《こうはい》を生み、社会全体に、やる気のない雰囲気《ふんいき》を蔓延《まんえん》させるのです。

これは、個人主義《こじんしゅぎ》が行きすぎて、人々が家庭の持つ神聖《しんせい》な役割《やくわり》を忘《わす》れ去った結果でしょう。

私は、日本の将来《しょうらい》を深く深く憂《うれ》えるものです。日本は、このアメリカのようになってはなりません。日本の人々は、家庭を大事にしなくてはなりません。

夫婦の半数が離婚する国に育つ子供たちは、かなりの確率《かくりつ》で情緒障害《じょうちょしょうがい》を持っていると言わざるをえません。彼らは、実社会に出てからも、奪《うば》う愛に生き、「もっともっと愛を与《あた》えてもらいたい」という気持ちで生きていくようになります。

そういう人が増《ふ》えた社会は、自己顕示欲《じこけんじよく》や闘争心《とうそうしん》、破壊《はかい》する心に満ちた世界です。そこでは、常《つね》に人より上に立つことのみを求める人たちが闊歩《かっぽ》するようになるでしょう。そして、弱い者へのいたわりや、同じく魂修行《たましいしゅぎょう》をしている仲間《なかま》への愛が、薄《うす》れていくに至《いた》るのです。

やはり、根本《こんぽん》は家庭にあります。素晴《すば》らしい家庭は、それだけで、素晴らしい一個《いっこ》の芸術品《げいじゅつひん》だと言えるのです。

4 魂《たましい》の義務《ぎむ》教育

特《とく》に、母親としての役割《やくわり》を担《にな》う多くの女性たちに言いたいのですが、家庭を守ることは大事なことです。子供《こども》を立派《りっぱ》な社会人として巣立《すだ》たせるのは、何にも増《ま》して大切なことです。子供が家庭で生きていく、十数年ないし二十年の時間と空間を、充実《じゅうじつ》した、実《みの》りの多いものにすることは、とてつもなく素晴《すば》らしいことなのです。

みなさんは、「天国に還《かえ》りたい」と思っているでしょう。女性が天国に還るのは、そう難《むずか》しいことではありません。家庭の主婦《しゅふ》として、夫《おっと》をよく助け、母親業を立派にこなし、円満な家族関係を築《きず》いたならば、必ずや天国に還れるでしょう。

それだけでも合格点《ごうかくてん》をもらえると言ってよいのです。

しかし、現在《げんざい》は、それさえできない人があまりにも多いのです。

考えてみれば、人間にとっていちばん大切なものは、すべて、目に見えるものではありません。目に見えないもののなかに、至高《しこう》の喜びがあり、光があります。

素晴らしい家庭というものも、はっきりと目に見えるかたちで、手に取れるかたちで示《しめ》すことはできないかもしれませんが、確実《かくじつ》に存在《そんざい》します。素晴らしい家庭をつくることは、一つの徳《とく》を生む作業《さぎょう》です。各人に徳が生まれると同時に、家族全体での大きな徳が生まれてくるのです。

それは、果《は》てしない上空《じょうくう》から眺《なが》めたならば、「まだ暗闇《くらやみ》が続いている地球の表面の一角《いっかく》から、光がほとばしっている」ということです。「一軒《いっけん》一軒の家に灯《ひ》がともり、窓《まど》から明るい光が漏《も》れている」ということが、どれほど喜びに満ちたことであるか、みなさんは分かるでしょうか。

まず、家庭ユートピアを築くことです。家庭ユートピアを築くことが急務《きゅうむ》なのです。

それは、決して、男性が仕事で素晴らしい業績《ぎょうせき》をあげることの妨《さまた》げになるものではありません。

家庭が光に満ち、喜びに満ちていくとき、その雰囲気《ふんいき》は、自然に、家庭の主人にも宿ってくるものです。家族関係がうまくいっているとき、男性は、職場《しょくば》でも光に満ち満ちているのです。それを忘《わす》れてはなりません。

家庭をユートピアにすることは非常《ひじょう》に大事な仕事です。これを卒業することなくして、他《た》の応用《おうよう》問題を解《と》こうとしても、極《きわ》めて難しいのです。それは、ちょうど、義務《ぎむ》教育を終えることなく大学の勉強を始める人にも似《に》ています。基礎《きそ》の勉強が足《た》りないと、いろいろなところで無理《むり》が出てくるのです。

家庭ユートピアを経験《けいけん》することは、魂《たましい》にとって、一種の義務教育です。親として、子として、夫として、妻《つま》として、息子《むすこ》として、娘《むすめ》として、ユートピアを経験することは、魂にとって、とても大きな学習であり、喜びの源泉《げんせん》でもあるのです。

もちろん、過去《かこ》の歴史を振《ふ》り返ってみれば、「家庭的に恵《めぐ》まれなかった人が、刻苦勉励《こっくべんれい》して偉人《いじん》になった」というケースも数多くあるでしょう。確《たし》かに、優《すぐ》れた魂が、荒々《あらあら》しい魂修行《たましいしゅぎょう》を計画し、好《この》んでそういう家庭に生まれることがあります。

しかし、そのような事実があるにせよ、現《げん》に家庭生活を営《いとな》む者が、勝手気ままに生き、家庭を崩壊《ほうかい》させてよいということにはならないのです。

5　家族の縁《えん》

夫婦《ふうふ》には深い縁《えん》があります。よく「三世《さんぜ》の縁」と言われますが、魂《たましい》の真実を知ったならば、「夫婦は深いところで結《むす》ばれている」ということが分かるでしょう。

「偶然《ぐうぜん》にこの世に生まれ、偶然に結婚《けっこん》し、偶然に子供《こども》をもうけ、偶然に数十年の人生を歩《あゆ》む」ということは、ありえないことです。「何千万人もの相手のなかから唯一《ゆいいつ》の人を選《えら》ぶ」ということは、偶然ではありえないことなのです。

「人類の大多数は数百年おきに転生《てんしょう》している」という事実を知れば、自分が伴《はん》侶《りょ》として選ぶ人は、過去《かこ》の幾転生《いくてんしょう》のなかでも伴侶だった相手である場合が多いことが分かるはずです。

それは当然のことです。今世《こんぜ》、生《せい》を享《う》けて生きていくにあたって、「過去、うまくいった人、うまの合った人と、また家庭を持とう」と思うことは、ごくごく自然な感情《かんじょう》でしょう。

したがって、夫婦は、「今世、素晴《すば》らしい家庭を営《いとな》み、来世《らいせ》でもまた夫婦となる」ということを夢見《ゆめみ》て、理想家庭の建設《けんせつ》に邁進《まいしん》することです。それこそ、今世の素晴らしいロマンだと言えます。

また、親子の縁も非常《ひじょう》に深いものがあります。親子の関係も、偶然にできることは、まれなのです。

親の立場からすれば、「出来《でき》のよい子供は、自分との縁で生まれたが、出来の悪い子供は、何かの間違《まちが》いで生まれたのだ」と思いがちですが、そうではありません。

親子の縁のなかにも、魂の教育が織《お》り込《こ》まれています。家庭という問題集を解《と》くために、親子の縁は設定《せってい》されているのです。

そのため、親が子供のことで苦しんだとしても、それもまた魂の問題集のなかの問題であることを忘《わす》れてはなりません。その子供は、自分が選んで子供とした魂であり、必ず自分に縁のある子供なのです。

親が子供を育てるなかには、一つの重大な教訓《きょうくん》が潜《ひそ》んでいます。それは何かといえば、「親は、子供のなかに、自分の分身、自分の似姿《にすがた》を見る」ということです。

それによって、親は、さまざまなことについて身につまされ、子供のときの自《じ》己《こ》を振《ふ》り返って、自分の性格《せいかく》がどういうものなのかを知ることができます。子は親の鏡《かがみ》であり、親は、子の姿《すがた》を見るにつけ、自分自身のことが反省されなくてはならないのです。

また、親にとって、子供は、自分の叶《かな》えられなかった夢を叶えてくれる、とても大切な〝希望の木〟でもあります。そのようにして、親子代々、連綿《れんめん》とロマンが語り継《つ》がれていくのです。

6　家庭ユートピア

最後に、家庭ユートピアについて、どうしても述《の》べておきたいことがあります。それは、「家庭のなかで、必ず仏神《ぶっしん》の話をしてほしい」ということです。仏神を知るには家庭がいちばんです。「家庭で仏神の話ができる」ということは、「家庭から光が出つづけている」ということなのです。

日々、仏《ほとけ》の心を自分たちの心として生きていけるようにし、できれば、一日の反省を家族で共になし、一日の感謝《かんしゃ》を家族で共になし、一日の祈《いの》りを家族で共になすことです。そういう家庭が素晴《すば》らしいのです。

これを「真理家庭」と言ってもよいでしょう。

家のなかに、反省と感謝、そして仏への祈りが満ち満ちた情景《じょうけい》を、思い描《えが》いてみてください。それは素晴らしいことです。

家庭のなかで宗教心《しゅうきょうしん》を育《はぐく》んでいくことは、理想家庭をつくるために、なくてはならないことなのです。

信仰深《しんこうぶか》い親となって、子供《こども》たちに、仏へ向かう心の、その敬虔《けいけん》さを、尊《とうと》さを、教えてください。それは、何よりも、彼《かれ》らが素晴らしい人間として成長していくための基礎《きそ》になるでしょう。

信仰という土台を持っていない人は、教育を受けても、魂《たましい》が真っすぐに伸《の》びていきません。信仰は、すべての教育や教養の基礎となるべきものです。人間は、信仰の土台があって初めて、人間らしく生きていくことができるのです。

子供たちに、現代的《げんだいてき》な権利《けんり》や義務《ぎむ》を教える前に、「仏の子としての神聖《しんせい》な義務や権利とは何か」ということを教えてください。それは、彼らが素晴らしい人生を送っていくためのヒントになるはずです。

あとがき（旧版《きゅうはん》）

優《やさ》しい言葉、優しい振《ふ》る舞《ま》い、優しい心情《しんじょう》、優しい表情《ひょうじょう》――。私の心のなかをよぎってゆく美しい光景《こうけい》は、いままでに出会った人々の優しさに満ち満ちています。

優しさとは大切な美徳《びとく》であり、最も大切な思いです。優しさとは、愛《あい》の具体化《ぐたいか》そのものなのです。

折々《おりおり》につづった、優しさと愛にかかわる小文を、一冊《いっさつ》にまとめてみました。

私の願《ねが》いが、この世の光となって、人々の心のなかを通《かよ》ってゆきますように。
そして、優しい人々が、この地に満ちますように。

一九九〇年　八月

幸福《こうふく》の科学《かがく》グループ創始者兼総裁《そうししゃけんそうさい》　大川隆法《おおかわりゅうほう》

新版《しんぱん》・あとがき

日本も、世界の先進国も、もっともっと家庭ユートピアを真剣《しんけん》に考えたほうがよい。

天上界《てんじょうかい》の高級神霊《こうきゅうしんれい》たちは、数多くの家庭崩壊《かていほうかい》を望《のぞ》んではいない。

いまこそ、愛《あい》の教えと反省の教えで、家庭をキッチリと守るべき時《とき》である。

限《かぎ》りなく優《やさ》しく生きてゆけ。

あなたがたの主《しゅ》は、愛の神でもあるのだから。

主は、あなたがたの力を強くし、あなたがたを結《むす》び合わせる。愛こそが、幸福の卵《たまご》である。

二〇〇五年　夏

幸《こう》福《ふく》の科《か》学《がく》グループ創《そう》始《し》者《しゃ》兼《けん》総《そう》裁《さい》　大《おお》川《かわ》隆《りゅう》法《ほう》

本書は左記の講演・論考をとりまとめ、加筆したものです。

第1章　限りなく優しくあれ　一九九〇年第三回大講演会（四月二十二日）
兵庫県・神戸ポートアイランドホールにて
第2章　愛の具体化　書き下ろし
第3章　結婚愛と家庭愛　月刊「幸福の科学」一九九〇年一月号
第4章　人間らしさと愛　月刊「幸福の科学」一九九〇年二月号
第5章　祈りと愛の生活　月刊「幸福の科学」一九九〇年三月号
第6章　愛からの出発　月刊「幸福の科学」一九九〇年四月号
第7章　愛の生涯　月刊「幸福の科学」一九九〇年五月号
第8章　家庭とユートピア　月刊「幸福の科学」一九九〇年六月号

『限りなく優しくあれ』関連書籍

『太陽の法』（大川隆法 著　幸福の科学出版刊）

本書は一九九〇年九月に発刊された
旧版を改訂したものです。

限《かぎ》りなく優《やさ》しくあれ　——愛の大河の中で——

2005年9月7日　初版第1刷
2023年9月15日　　　第8刷

著　者　大《おお》川《かわ》隆《りゅう》法《ほう》

発行所　幸福の科学出版株式会社
〒107-0052 東京都港区赤坂2丁目10番8号
TEL(03)5573-7700
https://www.irhpress.co.jp/

印刷　協和オフセット印刷株式会社
製本　小泉製本株式会社

落丁・乱丁本はおとりかえいたします

ISBN978-4-87688-540-4 C0014
装丁© 幸福の科学

大川隆法ベストセラーズ・愛とは何かを学ぶ

愛の原点

優しさの美学とは何か

この地上を優しさに満ちた人間で埋め尽くしたい──。人間にとって大切な愛の教えを、限りなく純粋に語った書。

1,650円

人を愛し、人を生かし、人を許せ。

豊かな人生のために

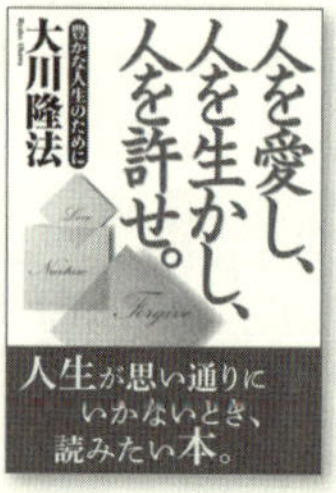

愛の実践や自助努力の姿勢など、豊かな人生への秘訣を語る、珠玉の人生論。心を輝かす数々の言葉が、すがすがしい日々をもたらす。

1,650円

愛から祈りへ

よみがえるヘルメスの光

いま、ふたたび愛の時代が訪れる──。本書につづられた詩編や祈りの言葉の数々が、希望の光となって、あなたの魂を癒す。

1,650円

原説・『愛の発展段階説』

若き日の愛の哲学

著者が宗教家として立つ前、商社勤めをしながら書きためていた論考を初の書籍化。思想の出発点である「若き日の愛の哲学」が説かれた宝物のような一冊。

1,980円

※表示価格は税込10%です。

大川隆法ベストセラーズ・幸福な人生を拓くヒント

幸福の原点

人類幸福化への旅立ち

幸福の科学の基本的な思想が盛り込まれた、仏法真理の格好の手引書。正しき心の探究、与える愛など、幸福になる方法が語られる。

1,650円

アイム・ハッピー

悩みから抜け出す５つのシンプルなヒント

思いどおりにいかないこの人生……。そんなあなたを「アイム・ハッピー」に変える、いちばんシンプルでスピリチュアルな「心のルール」。

1,650円

人生の迷いに対処する法

幸福を選択する４つのヒント

「結婚」「職場の人間関係」「身体的コンプレックス」「親子の葛藤」など、人生の悩みを解決して、自分も成長していくための４つのヒント。

1,650円

心を癒す ストレス・フリーの幸福論

人間関係、病気、お金、老後の不安……。ストレスを解消し、幸福な人生を生きるための「心のスキル」が語られる。

1,650円

大川隆法ベストセラーズ・幸福に生きるヒントをあなたに

初期質疑応答シリーズ
第1～7弾!

【各 1,760 円】

「エル・カンターレ 人生の疑問・悩みに答える」シリーズ

幸福の科学の初期の講演会やセミナー、研修会等での質疑応答を書籍化。一人ひとりを救済する人生論や心の教えを、人生問題のテーマ別に取りまとめたＱＡシリーズ。

1. 人生をどう生きるか
2. 幸せな家庭をつくるために
3. 病気・健康問題へのヒント
4. 人間力を高める心の磨き方
5. 発展・繁栄を実現する指針
6. 霊現象・霊障への対処法
7. 地球・宇宙・霊界の真実

1

2

3
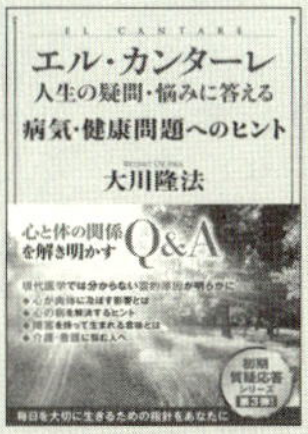

4

5

6

7

大川隆法 ベストセラーズ・人生の目的と使命を知る

「大川隆法　初期重要講演集 ベストセレクション」シリーズ

幸福の科学初期の情熱的な講演を取りまとめた講演集シリーズ。幸福の科学の目的と使命を世に問い、伝道の情熱や精神を体現した救世の獅《し》子《し》吼《く》がここに。

初期
講演集
シリーズ
第1～7弾!

1 幸福の科学とは何か
2 人間完成への道
3 情熱からの出発
4 人生の再建
5 勝利の宣言
6 悟りに到る道
7 許す愛

各 1,980円

幸福の科学の十大原理
（上巻・下巻）

世界169カ国以上に信者を有する「世界教師」の初期講演集が新装復刻。幸福の科学の原点であり、いまだその生命を失わない熱き真実のメッセージ。

各 1,980円

※表示価格は税込10%です。

幸福の科学グループのご案内

宗教、教育、政治、出版などの活動を通じて、地球的ユートピアの実現を目指しています。

幸福の科学

一九八六年に立宗。信仰の対象は、地球系霊団の最高大霊、主エル・カンターレ。世界百六十九カ国以上の国々に信者を持ち、全人類救済という尊い使命のもと、信者は、「愛」と「悟り」と「ユートピア建設」の教えの実践、伝道に励んでいます。

（二〇二三年八月現在）

愛

幸福の科学の「愛」とは、与える愛です。これは、仏教の慈悲《じひ》や布施《ふせ》の精神と同じことです。信者は、仏法真理をお伝えすることを通して、多くの方に幸福な人生を送っていただくための活動に励んでいます。

悟り

「悟り」とは、自らが仏の子であることを知るということです。教学《きょうがく》や精神統一によって心を磨き、智慧《ちえ》を得て悩みを解決すると共に、天使・菩薩《ぼさつ》の境地を目指し、より多くの人を救える力を身につけていきます。

ユートピア建設

私たち人間は、地上に理想世界を建設するという尊い使命を持って生まれてきています。社会の悪を押しとどめ、善を推し進めるために、信者はさまざまな活動に積極的に参加しています。

海外支援・災害支援

幸福の科学のネットワークを駆使し、世界中で被災地復興や教育の支援をしています。

毎年２万人以上の方の自殺を減らすため、全国各地でキャンペーンを展開しています。

公式サイト **withyou-hs.net**

自殺防止相談窓口

受付時間　火～土:10～18時（祝日を含む）

TEL **03-5573-7707**　メール **withyou-hs@happy-science.org**

視覚障害や聴覚障害、肢体不自由の方々と点訳・音訳・要約筆記・字幕作成・手話通訳等の各種ボランティアが手を携えて、真理の学習や集い、ボランティア養成等、様々な活動を行っています。

公式サイト **helen-hs.net**

入会のご案内

幸福の科学では、主エル・カンターレ 大川隆法総裁が説く仏法真《ぶっぽうしん》理《り》をもとに、「どうすれば幸福になれるのか、また、他の人を幸福にできるのか」を学び、実践しています。

入会　仏法真理を学んでみたい方へ

主エル・カンターレを信じ、その教えを学ぼうとする方なら、どなたでも入会できます。入会された方には、『入会版「正心法語《しょうしんほうご》」』が授与されます。

入会ご希望の方はネットからも入会申し込みができます。

happy-science.jp/joinus

三帰《さんき》誓願《せいがん》　信仰をさらに深めたい方へ

仏弟子としてさらに信仰を深めたい方は、仏《ぶっ》・法《ぽう》・僧《そう》の三宝《さんぼう》への帰依を誓う「三帰誓願式」を受けることができます。三帰誓願者には、『仏説・正心法語』『祈願文《きがんもん》①』『祈願文②』『エル・カンターレへの祈り』が授与されます。

幸福の科学 サービスセンター
TEL 03-5793-1727（受付時間／火～金:10～20時 土・日祝:10～18時（月曜を除く））

幸福の科学 公式サイト
happy-science.jp

仏法真理塾「サクセスNo.1」

全国に本校・拠点・支部校を展開する、幸福の科学による信仰教育の機関です。小学生・中学生・高校生を対象に、信仰教育・徳育にウエイトを置きつつ、将来、社会人として活躍するための学力養成にも力を注いでいます。

TEL 03-5750-0751（東京本校）

エンゼルプランV

東京本校を中心に、全国に支部教室を展開。信仰をもとに幼児の心を豊かに育む情操教育を行い、子どもの個性を伸ばして天使に育てます。

TEL 03-5750-0757（東京本校）

エンゼル精舎

乳幼児が対象の、託児型の宗教教育施設。エル・カンターレ信仰をもとに、「皆、光の子だと信じられる子」を育みます。
（※参拝施設ではありません）

不登校児支援スクール「ネバー・マインド」

TEL 03-5750-1741

心の面からのアプローチを重視して、不登校の子供たちを支援しています。

ユー・アー・エンゼル！（あなたは天使！）運動

障害児の不安や悩みに取り組み、ご両親を励まし、勇気づける、障害児支援のボランティア運動を展開しています。

一般社団法人 ユー・アー・エンゼ
TEL 03-6426-7797

NPO活動支援

学校からのいじめ追放を目指し、さまざまな社会提言をしています。また、各地でのシンポジウムや学校への啓発ポスター掲示等に取り組む一般財団法人「いじめから子供を守ろうネットワーク」を支援しています。

いじめから子供を守ろうネットワーク

公式サイト mamoro.org　ブログ blog.mamoro.org
相談窓口 TEL.03-5544-8989

幸福の科学

百歳まで生きる会～いくつになっても生涯現役～

「百歳まで生きる会」は、生涯現役人生を掲げ、友達づくり、生きがいづくりを通じ、一人ひとりの幸福と、世界のユートピア化のために、全国各地で友達の輪を広げ、地域や社会に幸福を広げていく活動を続けているシニア層（55歳以上）の集まりです。

【サービスセンター】TEL 03-5793-1727

シニア・プラン21

「百歳まで生きる会」の研修部門として、心を見つめ、新しき人生の再出発、社会貢献を目指し、セミナー等を開催しています。

【サービスセンター】TEL 03-5793-1727

幸福実現党

内憂外患《ないゆうがいかん》の国難に立ち向かうべく、2009年5月に幸福実現党を立党しました。創立者である大川隆法党総裁の精神的指導のもと、宗教だけでは解決できない問題に取り組み、幸福を具体化するための力になっています。

幸福実現党　党員募集中

あなたも幸福を実現する政治に参画しませんか。

＊申込書は、下記、幸福実現党公式サイトでダウンロードできます。
住所：〒107-0052
東京都港区赤坂2-10-8 6階 幸福実現党本部

TEL 03-6441-0754　FAX 03-6441-0764
公式サイト hr-party.jp

HS政経塾

大川隆法総裁によって創設された、「未来の日本を背負う、政界・財界で活躍するエリート養成のための社会人教育機関」です。既成の学問を超えた仏法真理を学ぶ「人生の大学院」として、理想国家建設に貢献する人材を輩出するために、2010年に開塾しました。現在、多数の市議会議員が全国各地で活躍しています。

TEL 03-6277-6029
公式サイト hs-seikei.happy-science.jp

出版 メディア 芸能文化 幸福の科学グループ

幸福の科学出版

大川隆法総裁の仏法真理の書を中心に、ビジネス、自己啓発、小説など、さまざまなジャンルの書籍・雑誌を出版しています。他にも、映画事業、文学・学術発展のための振興事業、テレビ・ラジオ番組の提供など、幸福の科学文化を広げる事業を行っています。

アー・ユー・ハッピー？
are-you-happy.com

ザ・リバティ
the-liberty.com

幸福の科学出版
TEL **03-5573-7700**
公式サイト **irhpress.co.jp**

THE FACT

YouTubeにて
随時好評
配信中！

ザ・ファクト
マスコミが報道しない
「事実」を世界に伝える
ネット・オピニオン番組

ザ・ファクト 検索

NEW STAR PRODUCTION

ニュースター・プロダクション

「新時代の美」を創造する芸能プロダクションです。多くの方々に良き感化を与えられるような魅力あふれるタレントを世に送り出すべく、日々、活動しています。 公式サイト **newstarpro.co.jp**

ARI Production

ARI《アリ》 Production《プロダクション》

タレント一人ひとりの個性や魅力を引き出し、「新時代を創造するエンターテインメント」をコンセプトに、世の中に精神的価値のある作品を提供していく芸能プロダクションです。 公式サイト **aripro.co.jp**

大川隆法　講演会のご案内

大川隆法総裁の講演会が全国各地で開催されています。講演のなかでは、毎回、「世界教師」としての立場から、幸福な人生を生きるための心の教えをはじめ、世界各地で起きている宗教対立、紛争、国際政治や経済といった時事問題に対する指針など、日本と世界がさらなる繁栄の未来を実現するための道筋が示されています。

22年7月7日 さいたまスーパーアリーナ
い人生観の打破」

2019年7月5日 福岡国際センター
「人生に自信を持て」

2019年10月6日 ザ ウェスティン ハーバーキャッスル トロント(カナダ)
「The Reason We Are Here」

2011年3月6日 カラチャクラ広場(インド)
「The Real Buddha and New Hope」

2019年3月3日 グランド ハイアット 台北(台湾)
「愛は憎しみを超えて」

講演会には、どなたでもご参加いただけます。
最新の講演会の開催情報はこちらへ。 ⟹ 大川隆法総裁公式サイト https://ryuho-okawa.org